AF750432

Le droit de l'art en question(s)

Le droit aujourd'hui

La collection « Le droit aujourd'hui » regroupe des études juridiques concernant des problèmes d'actualité nationale et internationale, dans divers domaines (éthique, politique, questions de société…).

Déjà parus

Marcel Yannick MISONGUI, *La protection juridictionnelle par la Cour de justice dans l'ELSJ et la PESC après le Brexit*, 2023.
François CAMPAGNOLA, *Précis de droit de l'énergie*, 2023.
Sébastien DEMAY, *La charge de travail à l'ère du numérique*, 2023.
Meganne NATALI, *Le droit international face au trafic illégal de biodiversité sauvage*, 2023.
Rahma BENTIROU MATHLOUTHI (dir.), *Proportionnalité, droits fondamentaux et juge, Proportionality, fundamental rights and judges*, 2023.
Aécio Filipe COELHO FRAGA DE OLIVEIRA, *L'exécution des mesures à titre provisoire rendues par un tribunal arbitral situé à l'étranger*, 2022.
Naivi CHIKOC BARREDA, *Succession internationale et dispositions spéciales de la lex rei sitae. Contribution à l'étude de l'impérativité internationale en matière successorale*, 2022.
Boris BARRAUD, *Éthique de l'intelligence artificielle*, 2022.
Boris BARRAUD, *Dignité, liberté, égalité*, 2022.
Boris BARRAUD, *Humanisme et intelligence artificielle*, 2022.
Michel BOUDJEMAÏ, *La territorialisation de l'aide sociale légale*, 2022.
Carine VAYSSE, *La théorie générale du contrat administratif*, 2022.
Thomas LARDEUX, *La sécurité juridique et le contentieux international des investissements*, 2021.
Coffi Dieudonné ASSOUVI, *L'influence du droit international des changements climatiques sur le droit de l'environnement de l'Union européenne*, 2021.

Charles COLOMAR

Le droit de l'art en question(s)

20 réponses juridiques sur des thématiques artistiques

Préface de Johanne SAISON

L'Harmattan

Du même auteur :

La restitution des biens publics culturels aux États étrangers, L'Harmattan, 2022.

© L'Harmattan, 2023
5-7, rue de l'Ecole-Polytechnique, 75005 Paris
http://www.editions-harmattan.fr
ISBN : 978-2-336-40231-4
EAN : 9782336402314

Préface

Johanne SAISON, Professeure des universités,
ERDP-CRDP, Université de Lille

L'accès à la culture s'est aujourd'hui largement démocratisé et l'art fait désormais partie de notre quotidien. Bien au-delà des murs des musées, l'art se propage dans nos rues, sur les ondes et les réseaux sociaux. Cette large diffusion nécessite une protection accrue des activités artistiques assurée tant par l'État par l'intermédiaire du ministère de la culture et de ses directions régionales des affaires culturelles (DRAC) que par les juges appelés à statuer sur des affaires de plagiat ou de graffitis pour lesquelles la qualification juridique demeure délicate à opérer. Si l'accès à la culture s'est largement démocratisé, le droit de l'art demeure une matière particulièrement technique et partant difficile d'accès. Ses acteurs sont multiples - État, collectivités territoriales, associations, musées - et les règles applicables aux thématiques artistiques empruntent à différents régimes juridiques. On ne peut dès lors que saluer la pédagogie avec laquelle Charles Colomar apporte des réponses juridiques aux problématiques de valorisation, de protection ou encore de financement des activités artistiques.

À côté de thématiques classiques, comme la réglementation des musées, les fonds régionaux d'art contemporain ou encore les obligations des collectivités territoriales à l'égard des créations artistiques, l'auteur aborde des questions plus originales qui interpellent les citoyens. Il en va ainsi de la question de la conservation et de l'exposition des restes humains dans les musées, comme a pu l'illustrer la polémique suscitée par l'organisation à Lyon, en 2008, de l'exposition « Our Body, À corps ouvert ». La restitution des têtes maories par la France à la Nouvelle-Zélande, largement médiatisée, a également été l'occasion de confronter l'application des dispositions du Code civil relatives au respect du corps humain au principe d'inaliénabilité des collections publiques consacré par le Code du patrimoine, nécessitant finalement l'adoption d'une loi autorisant la procédure de déclassement.

L'actualité se fait également régulièrement l'écho de la découverte de trésors : un trésor de 1000 pièces de bronze déterré dans le jardin de la cathédrale de Cambrai en 2021, un trésor de 237 pièces d'or dans le jardin d'un particulier à Pontoise en 2016, un trésor de 16 lingots et de 600 pièces d'or dérobé à l'occasion de travaux réalisés chez un particulier en 2011 dans l'Eure… La lecture de l'ouvrage de Charles Colomar rappelle ainsi très utilement à chacun les règles de répartition de la propriété d'un trésor, définies par l'article 716 du Code civil, entre « l'inventeur » à l'origine de la découverte et le propriétaire du fonds sur lequel il est découvert.

En un mot, cet ouvrage est indispensable pour mieux comprendre les modalités de préservation et de valorisation des activités artistiques, qui constituent autant de garanties du droit de chacun à la culture.

Liste des abréviations

al.	alinéa
art.	article
CA	Cour d'appel
Cass.	Cour de cassation
CE	Conseil d'État
CJCE	Cour de justice des Communautés européennes
cf.	*confer* (se reporter à)
CGI	Code général des impôts
Civ.	Chambre civile
coll.	Collection
Comm.	Chambre civile
C. patr.	Code du patrimoine
Crim.	Chambre criminelle
éd.	édition
ibid.	*ibidem* (dans le même ouvrage, dans le même passage)
Idem.	De même
JO	Journal officiel
JORF	Journal Officiel de la République française
n°	numéro
op. cit.	*opus citatum* (déjà cité)
p./pp.	page/pages
QPC	Question prioritaire de constitutionnalité
SSR	Sous-Sections réunies
suiv.	suivants, suivantes
TA	Tribunal administratif
T corr.	Tribunal correctionnel
TFUE	Traité sur le fonctionnement de l'Union européenne
TGI	Tribunal de Grande Instance

Introduction

Peu connu du grand public, le **droit de l'art** est pourtant un domaine passionnant. Contrairement à d'autres branches du droit (droit civil, droit de l'urbanisme), le droit de l'art n'a pas de Code. La réglementation est éparse, provenant d'une grande diversité de branches du droit (droit du patrimoine, droit des biens, droit de la propriété intellectuelle, droit fiscal…).

Dans une acception large, le droit de l'art peut se définir comme la matière touchant à la **réglementation du marché de l'art** (fiscalité, authenticité des œuvres d'art, droit de paternité, circulation des œuvres d'art, mécénat entre autres) et au **patrimoine artistique** (droit des musées et des collections publiques, du patrimoine architectural ou encore du patrimoine immatériel).

Facile d'accès et pédagogique, l'ouvrage aborde des questions que tout citoyen peut se poser sur le droit de l'art. L'objectif est d'intéresser le lecteur à ce domaine en étudiant le régime juridique de vingt thématiques artistiques.

L'ouvrage n'a pas vocation à traiter chaque sujet de manière exhaustive. De nombreuses illustrations permettent au lecteur de mieux comprendre les enjeux juridiques du sujet. Le lecteur pourra tester ses connaissances sur le QCM inclus à la fin de l'ouvrage.

QUELS SONT LES DROITS CULTURELS DES CITOYENS ?

Pendant longtemps, la culture était un privilège exclusivement destiné aux classes aisées. Avec le développement de l'État-Providence, le Président De Gaulle crée en 1956 le « ministère d'État chargé des Affaires culturelles » (ancien nom du ministère de la culture). André Malraux mène une politique de démocratisation de la culture : il s'agit désormais d'un bien accessible à tous.

La notion de « culture » s'est également élargie : elle ne se limite plus aux Beaux-Arts (architecture, sculpture, peinture) mais devient populaire : éducation de masse, cinéma, jeux vidéo, pop culture. Le citoyen jouit de droits culturels qui sont des droits fondamentaux (I) faisant l'objet d'une protection spécifique (II).

I- LES DROITS CULTURELS : DES DROITS FONDAMENTAUX

Les droits fondamentaux reconnus aux citoyens sont répartis comme suit :

- les droits civils et politiques (1ère génération)
Ce sont les droits reconnus par la Déclaration des droits de l'homme et du citoyen. Ils englobent notamment la liberté d'expression, d'opinion, de réunion et d'association. Qualifiés de « droits-libertés », ces droits peuvent être individuels ou collectifs et permettent aux citoyens de bénéficier d'une certaine autonomie et d'agir sans soumission.

- les droits économiques et sociaux (2ème génération)
Qualifiés de « droits-créances », ces droits coïncident avec la création de l'État-Providence. Ils sont inscrits dans le préambule de la Constitution du 27 octobre 1946. Ces droits comprennent notamment le droit à l'instruction, le droit à la santé, le droit au travail, le droit d'appartenance à un syndicat. Les droits culturels

font partie des droits fondamentaux de la « deuxième génération ».

- les droits de solidarité (3ème génération)
Apparus à la fin de la 2nde guerre mondiale, ces droits regroupent notamment le droit à la paix, au développement, à un environnement sain, au patrimoine commun de l'humanité, à l'information. Ces droits ont notamment été inscrits dans la Charte de l'environnement de 2004.

Parmi l'ensemble des droits fondamentaux qui leur sont reconnus, les citoyens jouissent ainsi de « droits culturels ». Mais que recouvre exactement cette notion ?

II- LA PROTECTION SPÉCIFIQUE DES DROITS CULTURELS

Les droits culturels peuvent se définir comme l'ensemble des *« droits, libertés et responsabilités pour une personne, seule ou en groupe, avec et pour autrui, de choisir et d'exprimer son identité, et d'accéder aux références culturelles, comme à autant de ressources nécessaires à son processus d'identification »*[1].

Ainsi, il ne s'agit pas simplement d'avoir accès au cinéma ou du droit d'aller à un concert. Les droits culturels reconnaissent un libre accès à tous aux connaissances et aux savoirs qu'ils soient artistiques, scientifiques, linguistiques, éducatifs, sportifs, religieux (entre autres).

La reconnaissance de ces droits culturels va de pair avec le principe universaliste du droit des peuples à disposer d'eux-mêmes. De nombreux textes internationaux ont consacré cette notion. Ainsi, la déclaration universelle de l'UNESCO sur la diversité culturelle de 2001 affirme dans son article 5 que « *Les*

---

[1] MEYER-BISCH (P.), « Les droits culturels, Enfin sur le devant de la scène ? », *L'Observatoire*, n° 33, 2008, p. 10.

droits culturels sont partie intégrante des droits de l'homme, qui sont universels, indissociables et interdépendants ».

La notion a été reprise par la suite dans la Convention sur la protection et la promotion de la diversité des expressions culturelles de 2005 et dans la Déclaration de Fribourg sur les droits culturels de 2007 sans pour autant développer ce qu'elle recouvre précisément. En 2015, le législateur a profité de la loi NOTRe pour inscrire ce terme dans le droit français : *La responsabilité en matière culturelle est exercée conjointement par les collectivités territoriales et l'État dans le respect des* ***droits culturels*** *énoncés par la convention sur la protection et la promotion de la diversité des expressions culturelles du 20 octobre 2005* (art. 103).

En plus de rappeler l'existence de ces droits culturels aux citoyens, la loi confère aux collectivités territoriales la compétence et la responsabilité de la politique culturelle. Pour garantir ces droits aux citoyens, l'État et les collectivités territoriales peuvent compter sur plus de 30.000 associations culturelles sur le territoire : maisons des jeunes, compagnies de théâtre, radios associatives, écoles de musique...

LA RÉGLEMENTATION DES MUSÉES EN FRANCE

Avec plus de 1200 musées, la France fait figure d'exception culturelle. Parmi les 25 musées d'art les plus visités au monde, la France en compte trois : le Musée d'Orsay (25ème), le Musée national d'Art moderne (24ème) et évidemment Le Louvre (2ème).

Le Conseil international des musées (ICOM) définit le musée de la manière suivante : *« Un musée est une institution permanente, à but non lucratif et au service de la société, qui se consacre à la recherche, la collecte, la conservation, l'interprétation et l'exposition du patrimoine matériel et immatériel ».*

Depuis leur création à la fin du XVIIIème siècle, la réglementation des musées a fortement évolué. Outre les recommandations de l'ICOM, les musées français sont tenus de respecter de nombreuses obligations. Pour le comprendre, il faut revenir aux 4 missions essentielles d'un musée à savoir : administrer (I) conserver (II), exposer (III) et valoriser ses collections (IV).

I- ADMINISTRER

Tout d'abord, un musée a pour première mission d'administrer. Afin d'assurer le bon fonctionnement de ses services, le musée doit être en capacité de gérer son activité et ses relations avec l'État et ses établissements, son personnel, ses usagers, mais aussi avec les autres intervenants extérieurs.

L'État et ses établissements - Le réseau de musées de France se constitue des musées nationaux et des musées de collectivités ou de personnes morales[2]. Les **musées nationaux** sont placés sous la tutelle administrative du Service des Musées de France et du ministère de la culture. Sous l'effet de la décentralisation et notamment de la loi du 4 janvier 2002, les **musées de**

---

[2] Cette organisation remplace l'ancienne classification tripartite de l'ordonnance du 13 juillet 1945 à savoir : musées nationaux, musées classés et musées contrôlés.

collectivités territoriales représentent 82 % des musées de France.

Toutefois, ces derniers ne jouissent pas d'une indépendance absolue dans leur fonctionnement. En effet, l'État intervient dans leur administration par le biais des directions régionales des affaires culturelles (DRAC). Ainsi, chaque musée est rattaché à la DRAC de sa région. Elle a pour objectif de mettre en œuvre la politique nationale en matière de musées (instruction des demandes d'appellation musées de France, des dossiers de retrait de l'appellation, des projets de rénovation ou de construction de musées).

Le personnel - Les musées ont pour mission de gérer leur personnel. Outre les tâches administratives, le personnel des musées comprend de nombreux métiers spécifiques : commissaires d'expositions, conservateurs du patrimoine, scénographes, directeurs de collections, archivistes, guides-conférenciers, médiateurs culturels.

Les usagers - Comme tout établissement recevant du public (ERP), les musées doivent demander une autorisation d'ouverture au public au maire, respecter les règles d'accessibilité pour les personnes handicapées ainsi que les normes de sécurité contre les risques d'incendie.

Acteurs clefs du service public culturel, les musées ont pour mission de faire connaître le patrimoine pour tous types de publics (familles, enfants, étrangers), d'où l'importance d'adapter leur offre à leur interlocuteur (pass familles, groupes scolaires, visites en langue étrangère, audio-guides, applications).

Les intervenants extérieurs - Administrer un musée passe aussi par le fait d'agrandir et de diversifier son réseau. Un musée enrichit ses collections en particulier grâce aux legs et aux dons ainsi qu'à l'achat d'œuvres d'art. Il travaille en étroite collaboration avec d'autres musées et établissements culturels. Il entretient son réseau de donateurs, d'associations, d'artistes, ainsi que ses relations avec la presse et parfois avec l'international.

II- CONSERVER

En sus, un musée a pour mission de conserver ses œuvres. La conservation concerne aussi bien les œuvres exposées au public que les œuvres stockées dans les réserves. Pour leur conservation, le musée doit avoir des infrastructures muséales adaptées, des équipes qualifiées, être doté de dispositifs de protection (vitrines, alarmes, personnel de sécurité, assurances) et adapter les techniques de conservation aux œuvres (éclairage et température notamment).

Enfin, lorsqu'une œuvre se détériore (suite à un accident ou du fait de sa vétusté), le musée doit être en capacité de la restaurer. Les restaurations peuvent être effectuées dans le cadre des ateliers de musées par des agents de l'État[3]. Concernant les restaurations de peinture, l'État fait le plus souvent appel à des professionnels extérieurs à l'administration, qui travaillent sous le contrôle des conservateurs[4]. La France compte plus de 1300 restaurateurs diplômés en conservation-restauration des biens culturels en activité, dont 400 salariés. Les collections des musées de France font l'objet d'une inscription sur un inventaire. Les musées ont l'obligation de procéder à leur récolement tous les dix ans (C. patr. art. L451-2).

---

[3] CORNU (M.), MALLET-POUJOL (N.), *Droit, œuvres d'art et musées, Protection et valorisation des collections*, coll. *CNRS Droit*, *CNRS*, 2006, p. 318.

[4] *Ibid.*, p. 319.

Couloir des statues, Château de Versailles, Paris, Pixabay.

III- EXPOSER

Riche de sa collection permanente et de leurs expositions temporaires[5], le musée a pour mission de faire connaître au public des patrimoines, des peuples et/ou des artistes. Compte-tenu du coût parfois élevé des œuvres, le musée doit couvrir les risques par la souscription d'une police d'assurance adaptée. En amont et en aval des expositions, le musée doit faire appel à des sociétés spécialisées dans le transport d'œuvres d'art.

[5] Les collections permanentes sont les œuvres appartenant au musée qui sont exposées de manière continue. *A contrario*, les expositions temporaires désignent les œuvres prêtés par d'autres établissements pour une durée limitée.

Pour leurs expositions, les musées sont fortement incités à suivre les recommandations de l'ICOM. Le code de déontologie de l'ICOM[6] porte par exemple l'accent sur l'exposition des objets « sensibles »[7].

Comme de nombreux secteurs, la crise sanitaire a mis un terme temporaire à l'activité muséale. Malgré la réouverture, le retrait progressif des obligations sanitaires et les aides versées par l'État, les musées n'ont toutefois pas retrouvé leur niveau de visiteurs d'avant la crise sanitaire.

IV- VALORISER

Pour mettre en valeur ses œuvres, le musée peut développer sa communication. Cela passe notamment par le recrutement de *community managers* (modernisation et actualisation du site internet du musée, gestion des réseaux sociaux). Valoriser un musée nécessite également d'entretenir des relations avec la presse (généraliste et spécialisée).

Outre la communication, le musée peut mettre en valeur ses œuvres en modernisant sa collection permanente, en faisant des travaux de rénovation du musée, ou encore en intensifiant ses expositions temporaires sur des thématiques susceptibles d'attirer davantage de public.

Toutefois, valoriser ses collections a un coût. Pour ce faire, le musée peut s'appuyer sur les aides publiques (collectivités territoriales, État, Union européenne), faire appel et entretenir son réseau de donateurs (entreprises, associations, particuliers), ou encore recourir au financement participatif (pour la restauration d'une œuvre par exemple).

---

[6] Document de référence qui définit les normes de pratique à l'attention des professionnels des musées.

[7] L'article 4.3 du code prévoit « Les restes humains et les objets sacrés seront présentés conformément aux normes professionnelles et tiennent compte, lorsqu'ils sont connus, des intérêts et croyances de la communauté, du groupe ethnique ou religieux d'origine, avec le plus grand tact et dans le respect de la dignité humaine de tous les peuples ».

COMMENT PAYER SES IMPOTS EN ŒUVRES D'ART ?

Si l'impôt s'honore « en argent », il est possible, à titre exceptionnel et sous certaines conditions, de s'acquitter de l'impôt « en nature », par le biais d'œuvres d'art notamment. Appelé « dation en paiement », ce dispositif permet au créancier d'accepter de recevoir en paiement autre chose que ce qui lui est dû (Code civil, art. 1342-4). Encadré par les articles 1716 bis et suivants du Code général des impôts, ce dispositif a été créé pour favoriser l'enrichissement des collections des musées et des bibliothèques [8]. Défini par les textes (I), ce dispositif doit respecter une procédure d'agrément (II).

I- DÉFINITION DU DISPOSITIF

Impôts concernés - Seuls certains droits et impôts dus sont susceptibles d'être acquittés par dation en paiement. Ainsi, seul le redevable de droits de mutation à titre gratuit, de donation-partage ou de l'impôt sur la fortune immobilière peut acquitter sa dette fiscale par dation, consistant dans la remise à l'État d'objets d'art ou de collection ou de certains immeubles.

La dation ne peut être proposée qu'après l'intervention du fait générateur de l'impôt. Ainsi, elle ne peut pas être mise en œuvre « par anticipation » : en s'acquittant des dettes fiscales à venir qui ne sont pas certaines dans leur principe ou dans leur montant.

Enfin, pour que l'intéressé puisse profiter de ce dispositif, il est nécessaire qu'il propose d'acquitter une somme au moins égale à 10 000 € au titre de chaque imposition considérée.

Biens concernés - Pour être éligible au dispositif de la dation, le bien doit avoir une œuvre d'une valeur artistique ou historique suffisamment exceptionnelle.

---

[8] LOI n° 68-1251 du 31 décembre 1968 tendant à favoriser la conservation du patrimoine artistique national.

La loi[9] prescrit la remise des objets offerts à l'État, ceux-ci devant nécessairement être :
- des meubles corporels ou des immeubles par destination susceptibles d'être remobilisés (objets d'art ou de collection) ;
- des immeubles situés dans les zones d'intervention du Conservatoire de l'espace littoral et des rivages lacustres [10] actuellement dont la situation ainsi que l'intérêt écologique ou paysager justifient la conservation à l'état naturel ;
- des immeubles en nature de bois et forêts pouvant être incorporés au domaine forestier de l'État.

L'offre de dation ne peut concerner que des biens dont les redevables sont pleinement propriétaires. Ainsi, cela exclut les biens détenus en indivision ou en copropriété.

Portée et durée de l'offre de dation en paiement - La valeur des biens (dont la remise à l'État est proposée) peut représenter la totalité ou une partie seulement des droits dont le demandeur est redevable.

L'offre de dation ne peut être retirée dans le délai de 6 mois suivant la date de son dépôt. Ce délai peut être prorogé de 3 mois par décision motivée de l'autorité administrative, notifiée à l'intéressé. Passé ce délai de 6 mois (prorogé le cas échéant), si l'intéressé retire son offre de dation avant la notification de la décision d'agrément, les droits dus sont assortis de l'intérêt de retard (CGI, art. 1727).

L'intérêt de retard est calculé à compter du 1er jour du mois suivant celui au cours duquel les droits devaient être acquittés, et jusqu'au dernier jour du mois du paiement.

[9] Article 31 de la LOI n° 2017-1837 du 30 décembre 2017 de finances pour 2018.
[10] Définies à l'article L. 322-1 du Code de l'environnement.

II- PROCÉDURE D'AGRÉMENT

La dation en paiement est subordonnée à l'octroi d'un agrément. La procédure de délivrance de l'agrément varie en fonction de la nature des biens offerts en dation. Sera abordée ici uniquement la procédure d'agrément pour les objets d'art ou de collection[11].

Dépôt des offres - Le redevable doit déposer son offre de dation au service des impôts compétent pour, selon le cas :
- enregistrer la déclaration de succession ou l'acte constatant la mutation ou le partage ;
- recevoir la déclaration d'impôt sur la fortune immobilière.

L'offre de dation indique la nature, les modalités d'acquisition et la valeur de chacun des biens faisant l'objet de la remise à l'État. L'offre de dation est produite en quatre exemplaires et accompagnée de deux photographies de chaque objet proposé ainsi que des documents justifiant les modalités d'acquisition des biens. L'offre de dation est signée par le redevable ou par son représentant dûment mandaté et, le cas échéant, par tous les héritiers, donataires ou leur représentant dûment mandaté.

Vérification et transmission de l'offre de dation - Le comptable de la Direction générale des Finances publiques (DGFiP) qui a reçu l'offre de dation en délivre récépissé au demandeur. Il examine si le dossier est complet, correctement rempli, daté et signé. Dans la négative, il invite le contribuable à régulariser sa demande.

Il transmet ensuite le dossier à la Direction régionale ou départementale des Finances publiques (DDFiP). L'administration fiscale transmet finalement le dossier à l'administration centrale (au Bureau des agréments et rescrits), seul compétent pour procéder à l'instruction.

---

[11] Prévue à l'article 384 A de l'annexe II au CGI et à l'article 384-0 A bis de l'annexe II au CGI.

Instruction de l'offre de dation - Le Bureau des agréments et rescrits de la DGFiP fait parvenir un exemplaire de l'offre au secrétariat de la commission interministérielle. Elle comprend :
- un représentant du Premier ministre, président ;
- deux représentants du ministre chargé du budget ;
- deux représentants du ministre chargé de la culture.

La commission peut, le cas échéant, ne retenir que certains biens présentés dans l'offre ou proposer au demandeur la substitution ou l'adjonction d'autres biens à son offre. La commission émet un avis aussi bien sur l'intérêt artistique ou historique que sur la valeur des biens offerts. Suite à l'avis (consultatif) de la commission, le ministre chargé de la culture propose au ministre chargé du budget l'octroi ou le refus de l'agrément.

Lorsque l'État accepte les biens offerts en paiement pour une valeur libératoire différente de celle proposée par l'intéressé dans son offre, la DGFiP notifie au demandeur la valeur libératoire retenue par l'État pour les biens offerts en paiement par pli recommandé avec demande d'avis de réception.

Le demandeur dispose du délai de 30 jours à compter de la date de réception de la notification pour accepter la valeur libératoire retenue par l'État ou pour renoncer à son offre de dation. S'il ne répond pas dans ce délai de 30 jours, il est considéré que le demandeur a retiré son offre et les droits redeviennent exigibles.

Décision du ministre chargé du budget –

En cas d'acceptation : La décision d'agrément prise par le ministre chargé du budget fixe la valeur libératoire[12] des biens offerts en paiement des droits dus (sur la base de la déclaration au titre de laquelle l'offre de dation est proposée). Le demandeur dispose du délai fixé par la décision d'agrément pour accepter la valeur libératoire des biens. Il fait connaître son acceptation au

---

[12] La valeur libératoire des biens désigne le montant maximum des impositions pouvant être acquittées par la remise des œuvres offertes en paiement.

Bureau des agréments et rescrits ainsi qu'au comptable compétent pour recevoir l'offre de dation.

En cas de refus : La décision de refus fixe un délai de 30 jours maximum pour permettre au demandeur de s'acquitter des droits ou impôts pour lesquels la dation est refusée. Aucun intérêt de retard ne sera exigé avant l'expiration du délai ainsi fixé. Les décisions de refus d'agrément sont susceptibles de recours pour excès de pouvoir devant le juge administratif.

Œuvres d'art et héritage - Dans le cas où des œuvres d'art sont comprises dans un **héritage**, elles seront soumises, comme les autres biens, aux **droits de succession**. Dans le cas où il est impossible d'assumer le paiement de ces droits, 2 choix s'offrent à l'héritier : procéder à la vente des biens transmis ou bien la dation de paiement. Depuis la jurisprudence Tenoudji[13] de 1995 s'applique la « règle des 5 % » sur les œuvres d'art.

En l'espèce, des héritiers avaient récupéré du défunt un tableau de Serge Poliakoff. Ces derniers ayant omis de le déclarer, l'administration fiscale les a redressés. Or, en application de l'article 764 du CGI, le montant des droits de succession dépend de la nature du bien. La question était de savoir s'il s'agissait d'un « meuble meublant » (Code civil, art. 534) ou bien d'une « œuvre d'art » (CGI, art. 98 A)[14]. Le premier s'évalue prioritairement par la vente publique intervenue dans les 2 ans du décès[15]. *A contrario*, les œuvres d'art s'évaluent prioritairement par la vente publique intervenue dans les 2 ans du décès[16].

---

[13] Cass., comm., 17 octobre 1995, *Tenoudji.*

[14] Il n'existe pas de définition de l'œuvre d'art. Il en existe bien une concernant la TVA à l'importation, mais la règle fiscale est d'interprétation stricte. En revanche, il existe une définition du mobilier meublant figurant à l'article 534 du Code civil : le tableau accroché au mur d'un appartement, qui n'est pas dans une galerie particulière ou dans une collection, est un meuble meublant.

[15] À défaut par l'inventaire notarié. À défaut la valeur du bien ne peut être inférieure à 5 % de l'actif brut de succession.

[16] À défaut par la valeur d'assurance contre le vol ou l'incendie, à défaut par la déclaration des parties.

L'ADMINISTRATION DES GROTTES ORNÉES

Sur les 350 grottes ornées découvertes dans le monde, 186 se situent en France. Témoignages exceptionnels des Hommes du Paléolithique et de l'art pariétal, ces grottes attirent des milliers de visiteurs chaque année.

Grottes, gouffres, cavernes : quelles différences ? **-** Il existe un grand nombre de cavités souterraines naturelles. Une **grotte** est une cavité horizontale dont l'entrée s'ouvre sur une paroi. *A contrario*, un **gouffre** est une cavité verticale dont l'entrée s'ouvre dans le sol (à l'instar du gouffre de Padirac). Pour les géologues, la **caverne** est un type particulier de **grotte**. La caverne est très large et s'emprunte par un couloir sous terre. Le mot « caverne » implique qu'il existe une série ou un système de grottes ou de chambres de grottes.

Grotte ornée - Une grotte ornée est une grotte présentant des témoignages d'art pariétal : dessins, peintures, gravures, sculptures en bas-relief exécutées sur les parois, généralement dans les profondeurs de la grotte. L'art pariétal est dans la plupart des cas daté du Paléolithique supérieur.

Art pariétal et art rupestre - L'art rupestre (du latin *rupes*, « roche ») désigne l'ensemble des œuvres d'art réalisées par l'Homme sur des rochers, le plus souvent en plein air (extérieur). À l'inverse, l'art pariétal désigne l'ensemble des images et des représentations effectuées par l'Homme sur des parois rocheuses de grottes (intérieur).

Au-delà de la question de propriété des grottes ornées (I), se pose celle de leur protection (II).

I- LA PROPRIÉTÉ DES GROTTES ORNÉES

En droit français, le propriétaire du terrain est également propriétaire du sous-sol (Code civil, art. 552)[17]. Ainsi, une cavité souterraine appartient à un ou plusieurs propriétaires de la ou des parcelle(s) située(s) en surface.

En cas de découverte d'une grotte ornée, l'État pourra contraindre le propriétaire à lui céder, par le biais de la procédure d'expropriation pour cause d'utilité publique (Code civil, art. 545 ; Code de l'expropriation). En effet, une grotte ornée doit faire l'objet :

- de recherches scientifiques (notamment archéologiques) ;
- de mesures visant à la protéger des dégradations humaines ou naturelles, voire permettre la promotion du site (en l'ouvrant au tourisme par exemple).

Le cas de l'expropriation de la grotte Chauvet - Découverte le 18 décembre 1994 par trois spéléologues au flanc d'une falaise de l'Ardèche, la grotte Chauvet est aujourd'hui l'un des vestiges d'art pariétal les plus importants du Paléolithique. Suite à sa découverte, la grotte a rapidement fait l'objet d'une procédure de classement au titre des monuments historiques. Elle a ensuite été interdite d'accès aux personnes non munies d'une autorisation de l'État avant de faire l'objet d'une procédure d'expropriation des propriétaires.

L'enquête préalable à la déclaration d'utilité publique a été ouverte le 22 janvier 1995, suite à laquelle le préfet a déclaré les terrains d'utilité publique. Le 20 octobre 1995, l'ordonnance portant transfert de propriété au profit de l'État est adoptée.

Compte-tenu de leur intérêt exceptionnel et de leur grande fragilité, 85 % des grottes ornées sont fermées au public.

---

[17] Il faut toutefois distinguer la propriété du sous-sol de celle de ses produits. Par exemple, les substances minérales relèvent du droit minier.

II- LA PROTECTION DES GROTTES ORNÉES

À ce jour, il n'existe aucune loi dédiée spécifiquement à la protection du monde souterrain et du patrimoine qui lui est associé. Toutefois, l'administration peut s'appuyer sur un arsenal de textes législatifs. Le premier texte fut introduit dans la loi relative à la santé publique du 15 février 1902[18] *: « interdiction de jeter des cadavres d'animaux et de détritus putrescibles dans les grottes » (art. 28).* Ainsi, une grotte peut être protégée en sa qualité de monument historique (loi de 1913), de site (loi de 1930), de terrain archéologique (loi de 1941 et 1980), ou encore de réserve naturelle (loi de 1976)[19].

Au niveau international, l'UNESCO a adopté la Convention concernant la protection du patrimoine mondial culturel et naturel le 16 novembre 1972 lors de sa 17ème session à Paris. Très général, l'article 1er précise toutefois que les « grottes » font partie intégrante de ce patrimoine. En France, la quasi-majorité des exploitants de grottes touristiques sont membres de la FFTS[20] et de l'International Show Caves Association. La grotte Chauvet fait figure de référence pour la conservation et la gestion des grottes ornées.

Les principales causes susceptibles d'avoir des incidences sur les grottes ornées sont les suivantes :

- l'élévation de la température due à la présence humaine ou à l'intensité de la lumière ;
- le CO2 libéré notamment par la présence humaine (respiration, transpiration) ;
- les aménagements de la grotte (percées de galeries nouvelles, lacs artificiels, sorties et entrées nouvelles, installation d'escaliers) ;

---

[18] La loi « Martel » a été abrogée puis remplacée par d'autres textes de loi plus complets.

[19] Respectivement : Loi du 31 décembre 1913 ; Loi du 2 mai 1930 ; Loi n° 76-629 du 10 juillet 1976 ; Loi n° 41-4011 du 27 septembre 1941 ; Loi n°80-532 du 15 juillet 1980 ; Loi n° 76-629 du 10 juillet 1976.

[20] Fédération française du tourisme et patrimoine souterrain.

- les activités humaines voisines (pollutions chimiques, travaux de carrières et d'infrastructures routières, fouilles clandestines).

Pour pallier ou minimiser ces incidences, les propriétaires des grottes peuvent mettre en œuvre les mesures suivantes :

- Contrôle régulier et maintien d'un climat stable dans la grotte (température, hygrométrie) ;
- Concernant les visites : limitation du nombre de visiteurs, information préalable et surveillance, restriction des objets lumineux et des flashs, interdiction de boire ou de manger ;
- Concernant les aménagements de la grotte : les travaux d'aménagements doivent respecter un cahier des charges strict prévoyant : une étude d'impact, la nature des matériaux utilisés, le choix d'éclairages à très faible intensité (LED), la manière dont les travaux seront réalisés et contrôlés. Les techniques d'enregistrement topographique numérique permettent d'éviter l'impact direct sur les parois.

Certaines grottes ornées ont été fermées au public suite à la dégradation des œuvres pariétales à l'instar de la grotte de Lascaux.

Découverte en 1940, la grotte a été ouverte au public en 1948 avant d'être définitivement fermée en 1963. En raison de la surfréquentation de visiteurs et du manque de connaissances et de techniques de conservation à l'époque, les œuvres pariétales ont été victimes de la maladie verte et de la maladie blanche[21], ce qui a conduit à la fermeture définitive du site en 1963 sur décision du ministre de la culture André Malraux.

---

[21] La première provient d'une algue qui va se développer dans l'humidité de la grotte et la lumière ambiante. La deuxième se caractérise par des taches blanches provenant d'une fine couche de calcite.

Taureau, Grotte de Lascaux, Montignac-Lascaux, Pixabay.

Du fait de sa fermeture, des répliques de la grotte de Lascaux ont été effectuées : ouverture de Lascaux II au public en 1983, création de l'exposition itinérante Lascaux III en 2012, de Lascaux IV (Centre international de l'art pariétal) en 2016, et enfin de l'expérimentation virtuelle Lascaux 1/1 en 2021.

Ces différentes répliques permettent un équilibre entre la nécessité de protéger un patrimoine exceptionnel et celle de sa transmission au public.

À QUEL MOMENT UNE MUSIQUE EST-ELLE CONSIDÉRÉE COMME UN PLAGIAT ?

Objet de nombreuses condamnations en France comme à l'étranger, le plagiat dans l'industrie musicale est courant notamment dans la musique pop. Dans une acception commune, le plagiat consiste à s'approprier l'idée d'un autre en la faisant passer pour sienne. Cela peut par exemple concerner le choix des paroles ou de la composition. Sanctionné par la loi (I), le plagiat en musique n'est toutefois pas forcément illicite (II). Aujourd'hui encore, des zones grises du plagiat en musique demeurent (III).

I- DÉFINITION JURIDIQUE DU PLAGIAT

Le législateur ne mentionne pas le terme de « plagiat », mais sanctionne la « contrefaçon » qui est un délit consistant à porter atteinte au droit d'auteur et ce de façon illégitime. Le CPI prévoit ainsi que « *toute édition d'écrits, de* ***composition musicale****, de dessin, de peinture ou de toute autre production, imprimée ou gravée en entier ou en partie, au mépris des lois et règlements relatifs à la propriété des auteurs, est une* ***contrefaçon*** *; et toute contrefaçon est un délit* » (CPI, art. L. 335-2 al. 1).

Par ailleurs, *« Toute représentation ou reproduction intégrale ou partielle faite* ***sans le consentement*** *de l'auteur ou de ses ayants droit ou ayants cause est illicite. Il en est de même pour la traduction, l'adaptation ou la transformation, l'arrangement ou la reproduction par un art ou un procédé quelconque »* (CPI, art. L. 122-4 al. 1). Par conséquent, soit l'œuvre appartient au domaine public[22] (dans ce cas, il n'y a pas de droit de propriété et vous pouvez l'utiliser), soit l'œuvre est protégée par les droits

[22] La notion de « domaine public » en droit de la propriété intellectuelle est étrangère à celle du domaine public en droit administratif des biens. Cette notion désigne une forme de fonds culturel commun constitué par les idées, les savoir-faire. Pour les avantages du droit de la paternité, voir « Le respect du droit moral des artistes », p. 54.

d'auteur (dans ce cas, la seule possibilité de l'utiliser est d'en avoir l'autorisation de l'auteur original).

La reconnaissance du plagiat a de lourdes conséquences pour le plagiaire d'une musique. Sur le plan pénal, il encourt 3 ans d'emprisonnement et 300.000 euros d'amende (CPI, art. L335-2). Sur le plan civil, le plagiaire pourra être condamné à verser des dommages et intérêts à l'auteur lésé par le plagiat (CPI, art. L331-1-3).

Toute la difficulté est de savoir à quel moment s'arrête l'inspiration et où commence le plagiat ? **-** Le législateur ne pouvant fixer de critères communs, la réponse à cette question dépend du juge. Il fondera sa décision en faisant appel à l'avis d'experts musicologues. Ces derniers vont décortiquer les notes, les mesures, les mélodies et les tonalités. Pour reconnaître la contrefaçon, il faut déceler un « effet miroir ». Ce travail est aujourd'hui simplifié par des programmes informatiques qui, en quelques minutes, permettent d'identifier les similitudes. Un taux égal ou supérieur à 15 % de ressemblance entre les deux musiques suffit pour reconnaître le plagiat.

II- LE PLAGIAT MUSICAL EST-IL FORCÉMENT ILLICITE ?

Le fait de copier une œuvre musicale n'est pas forcément un acte répréhensible.

L'autorisation d'exploitation d'une œuvre - Avec autorisation de l'artiste ou de ses ayants-droit, il est possible d'exploiter une œuvre musicale. Qualifiée de « composite », l'œuvre est construite à partir d'une composition initiale sans la collaboration de son auteur. Cette œuvre dérivée, à condition d'être originale (arrangements, variations…), accède à la protection posée à l'article L.112-3 du CPI. Ainsi, M. Pokora avait pu reprendre et commercialiser les chansons de Claude François après autorisation des héritiers de l'artiste.

Toutefois, si un artiste incorpore dans sa création une œuvre préexistante sans avoir obtenu l'accord de ses ayants-droits, l'œuvre dérivée est requalifiée de contrefaçon. Les droits patrimoniaux sont temporaires puisque, en principe, passé un délai de 70 ans à compter du décès de l'auteur, l'œuvre tombe dans le domaine public. La limitation de la durée des droits patrimoniaux permet alors à un artiste d'utiliser une œuvre musicale tombée dans le domaine public, sans avoir besoin d'autorisation.

L'auto-plagiat - Lorsqu'une chanson n'a pas eu le succès escompté ou que l'artiste a une panne d'inspiration, il est courant que celui-ci reprenne partiellement une œuvre de sa propre composition. Naturellement, ce plagiat n'est pas répréhensible. Si le public peut mal accueillir une œuvre « recyclée », il ne pourra rien être reproché à l'auteur sur le plan juridique.

L'inspiration commune - Pour éviter d'être reconnu coupable de contrefaçon, l'artiste peut opposer que les similitudes proviennent d'une rencontre fortuite ou d'une source d'inspiration commune. Dans l'arrêt Djobi Djoba de 2006, la Cour de cassation a considéré que la contrefaçon d'une œuvre musicale ne pouvait être écartée « *que lorsque celui qui la conteste démontre que les similitudes existant entre les deux œuvres procèdent d'une rencontre fortuite ou de réminiscences résultant notamment d'une source d'inspiration* »[23]. Pour reconnaître le caractère fortuit, il faut prouver que les deux auteurs aient réalisé des compositions musicales semblables par coïncidence.

La méconnaissance de l'œuvre originale - L'artiste soupçonné de plagiat peut également apporter la preuve qu'il n'a pas pu avoir accès à l'œuvre prétendue copiée. Pour son titre *Si seulement je pouvais lui manquer* (2004), l'artiste Calogero a été condamné pour la contrefaçon du titre *Les chansons d'artistes* composé par Laurent Feriol (2001). En effet, les juridictions ont estimé que les refrains des deux musiques présentent près de 63

[23] Cass. civ., 1re, 16 mai 2006.

% de notes communes[24]. Calogero avait rejeté les accusations au motif que ces similitudes sont le fruit d'une « *rencontre fortuite ou de réminiscences issues d'une source d'inspiration commune* ». Suite à un appel pour lequel il a été débouté et à un pourvoi en cassation, la Cour de cassation a confirmé la décision de la Cour d'appel[25].

III- LES ZONES GRISES DU PLAGIAT

De nos jours, la question du plagiat s'est fortement complexifiée du fait de la diffusion d'un certain modèle musical.

Le plagiat de *samples* - Les artistes ont de plus en plus recours aux *samples* pour leurs compositions musicales. Il s'agit des échantillons de musique modifiés et introduits dans un autre titre. Par ce biais, les DJs utilisent des « voix pitchées ». Ces voix sont enregistrées puis modifiées et coupées pour devenir un tout nouvel instrument avec un son inédit. La frontière entre *sample* et plagiat est si étroite qu'elle donne très rarement lieu à un procès en contrefaçon devant les juridictions.

Concernant les artistes français, sont fortement suspectés de plagiat le groupe Daft Punk ou encore Jean-Michel Jarre pour son titre *Zoolookologie* (1984) qui reprend un *sample* du titre *Rockit* de Herbie Hancock paru un an plus tôt.

Aussi, l'utilisation fréquente de courts échantillons de musique (modifiées ou non) par les « influenceurs » pour leurs publications a généré la colère des artistes qui étaient privés de droits d'auteurs. Suite à des négociations avec les associations et syndicats, le géant Instagram a créé le code « *embed* ». Cette nouvelle fonctionnalité vise à empêcher les sites tiers d'intégrer certaines publications. Autrement dit, les auteurs peuvent directement choisir s'ils acceptent que leurs publications soient intégrables via un code *embed*.

---

[24] L'artiste a été condamné à verser 80 000 euros de dommages et intérêts.

[25] CA de Paris, 26 juin 2015 ; Cass. 1e civ., 3 novembre 2016.

La mondialisation de l'industrie musicale - Autre problématique, l'industrie musicale a amplifié le nombre de morceaux et donc de risques de similitudes entre eux. *A fortiori*, la mondialisation culturelle participe à une uniformisation de la musique aussi bien pour la pop que pour le rap américains. Les maisons de disques travaillent avec les mêmes logiciels, recyclent les mêmes mélodies et les artistes s'influencent les uns aux autres. Dans certains cas, il ne s'agit plus tellement de plagiats, mais plutôt de l'utilisation de standards, de codes propres à notre époque.

Cela étant, la loi du 11 mai 1957 [26] a reconnu aux œuvres musicales la qualification d' « œuvres de l'esprit ». Partant, « *sont considérées comme œuvres de l'esprit (...) les compositions musicales avec ou sans paroles* » (CPI, art. L. 112-2). Pour être protégée, l'œuvre musicale doit être originale. L'exigence d'originalité s'apprécie à partir de la trilogie de Desbois : **mélodie, harmonie et rythme.**

Pour la musique *Un jour parfait* (2004) de Calogero, le TGI de Paris a reconnu une contrefaçon du morceau *Le feu de Willial* (2003) de Serge Didier et Arnaud Pierrat. La contrefaçon était fondée sur le « *motif d'accompagnement à la guitare* » du titre de Calogero qui reproduisait « *les caractéristiques essentielles* » du morceau[27].

Une chanson de Sylvie Vartan avait également était considérée comme une contrefaçon. Son titre *La Maritza* (1968) présentait une grande similitude au niveau de la « *mélodie du refrain* » avec celui des *Feuilles mortes* (1955) interprété par Yves Montand[28].

---

[26] LOI n°57-298 du 11 mars 1957 sur la propriété littéraire et artistique.

[27] Les sociétés de production et d'édition de Calogero ainsi qu'*Universal Music France* ont dû verser la somme de 45.000 euros aux plaignants.

[28] Suite à un jugement du 10 février 1971, les droits d'auteur de *La Maritza* avaient dû être reversés au profit des auteurs et héritiers de Joseph Kosma et de Jacques Prévert.

LA PROTECTION DE L'ART SACRÉ

Avec près de 100.000 édifices sur le territoire, la France détient un patrimoine religieux exceptionnel. L'art sacré fait l'objet d'une protection spécifique. Confondu avec les notions d'art liturgique ou d'art religieux (I), l'art sacré fait l'objet d'une propriété spécifique (II). Aujourd'hui menacé, le patrimoine religieux a besoin d'une meilleure protection (III).

I- ART SACRÉ, ART LITURGIQUE, ART RELIGIEUX : DE QUOI PARLE-T-ON ?

L'art liturgique désigne l'art lié à la liturgie, c'est-à-dire aux pratiques du culte dans les différentes religions (célébrations, prières publiques). Dans la religion chrétienne, l'art liturgique s'exprime dans le mobilier (tabernacle, fonts baptismaux, bénitier, autel), les vêtements et les accessoires sacerdotaux ou paramentiques (tunique, mitre, étole, dalmatique, crosse, chasuble, chape) ou encore dans les objets du culte (patène, ostensoir, encensoir, ciboire, calice).

L'art liturgique se distingue de **l'art religieux** (ou de **l'art sacré**), concept plus large qui englobe toute pratique en rapport avec la religion et pas forcément dédié à la liturgie. Il peut s'agir d'un tableau représentant une scène de la Bible ou encore de sculptures. Au Moyen-Age, **l'art sacré** (« l'art pour l'Église ») s'opposait à **l'art profane** (l'art qui n'est pas dédié au sacré) instaurant une hiérarchie des genres. Depuis la séparation de l'Eglise et de l'État en 1905, les notions d'art sacré et d'art religieux sont confondues.

II- LA PROPRIÉTÉ DE L'ART SACRÉ

La loi du 9 décembre 1905 concernant la séparation des Eglises et de l'État prévoit que les lieux de culte qui appartenaient aux établissements publics du culte avant 1905 deviennent la propriété des nouvelles associations cultuelles. Il est prévu que

« Les édifices affectés au culte lors de la promulgation de la loi du 9 décembre 1905 et les meubles les garnissant deviendront la propriété des communes sur le territoire desquelles ils sont situés, s'ils n'ont pas été restitués ni revendiqués dans le délai légal » (article 9).

Bien que propriétés des communes, ces biens ont été affectés à l'Église catholique, à titre gratuit, exclusif et perpétuel par la loi du 2 janvier 1907[29]. Les communes n'ont pas le droit de disposer des églises dont elles sont propriétaires.

Les communes détiennent l'ensemble des églises paroissiales construites avant 1905. À ce jour, sur les 100.000 lieux de culte en France, plus de 40 000 sont la propriété des communes[30]. Pour les églises construites après 1905, elles sont la propriété de l'Eglise catholique organisée en associations diocésaines. Sur les 154 cathédrales, 87 appartiennent à l'État, les autres étant majoritairement la propriété des communes. Le droit d'Alsace-Moselle fait figure d'exception (régime concordataire). Les édifices de culte reconnus appartiennent soit aux communes, soit aux établissements publics du culte.

Il est possible pour une commune de démolir ou de vendre un édifice cultuel en procédant à sa désaffectation. Cela désigne le fait que le bien ait perdu son assignation, la qualité qui lui avait effectivement permis d'être intégré au domaine public. La désaffectation est actée par arrêté préfectoral, à la demande du conseil municipal, sous réserve du consentement écrit du culte affectataire, et après avis de la Direction régionale des affaires culturelles (DRAC).

La désaffection est possible dans les cas suivants prévus à l'article 13 de la loi de 1905 :
1° Si l'association bénéficiaire est dissoute :

---

[29] LOI du 2 janvier 1907 concernant l'exercice public des cultes.
[30] Sénat, Rapport d'information fait au nom de la délégation aux collectivités territoriales et à la décentralisation sur le financement des lieux de culte, *par MAUREY (H.)*, 17 mars 2015, p. 14.

2° Si, en dehors des cas de force majeure, le culte cesse d'être célébré pendant plus de six mois consécutifs :
3° Si la conservation de l'édifice ou celle des objets mobiliers classés en vertu de la loi de 1887 et de l'article 16 de la présente loi est compromise par insuffisance d'entretien, et après mise en demeure dûment notifiée du conseil municipal ou, à son défaut du préfet :
4° Si l'association cesse de remplir son objet ou si les édifices sont détournés de leur destination ;
5° Si elle ne satisfait pas soit aux obligations de l'article 6 ou du dernier paragraphe du présent article, soit aux prescriptions relatives aux monuments historiques.

Si aucune de ces hypothèses n'est retenue, la désaffectation ne pourra être prononcée que par une loi.

III- LA PRÉSERVATION DU PATRIMOINE RELIGIEUX

En principe, la loi ne prévoit aucune obligation pour les collectivités territoriales en matière d'entretien des édifices cultuels. Onéreuses notamment pour les petites communes, les dépenses d'entretien du patrimoine religieux sont rarement budgétées. Toutefois, le défaut d'entretien peut engager la responsabilité de la commune lorsqu'il nuit à la sécurité des visiteurs (Conseil d'État, 10 juin 1921, *Commune de Monségur*). Par ailleurs, les collectivités territoriales et leurs groupements ont l'obligation d'entretenir les édifices religieux protégés au titre des monuments historiques[31].

[31] C. patr., art. L621-5.

La Sainte Chapelle, île de la Cité, Paris, Pixabay.

Par ce biais, près de 300 nouveaux immeubles sont protégés chaque année. La demande de protection peut émaner des services de l'État, du propriétaire ou de toute autre personne y ayant intérêt. Elle est adressée à l'architecte des bâtiments de France territorialement compétent ou à la conservation régionale des monuments historiques. Ces mesures protègent ainsi les 15 000 édifices religieux protégés au titre des monuments historiques ainsi que leur mobilier[32].

Enfin, il faut relever que l'art sacré est particulièrement menacé en raison des vols de biens dans les édifices religieux notamment en zone rurale. En effet, la France est le deuxième pays le plus touché par le vol d'objets cultuels[33]. Tous les biens sont concernés (statues, ciboires, calices) y compris les cloches, pourtant lourdes et difficiles d'accès. Pour pallier ce phénomène, le législateur prévoit une peine de sept ans d'emprisonnement et de 100 000 euros d'amende[34].

---

[32] C. patr. art. L621-9.

[33] Ainsi, sur les années 2018 et 2019, il y a 1 400 faits de recensés en zone gendarmerie.

[34] Code pénal, art. 311-4-2.

Les unités territoriales de Gendarmerie sont les premières unités sollicitées lors des enquêtes. Pour leurs investigations, elles peuvent solliciter l'expertise de deux organismes centraux : le Service central de renseignement criminel (SCRC), entité du Pôle judiciaire de la gendarmerie nationale (PJGN), et l'Office central de lutte contre le trafic des biens culturels (OCBC).

QU'EST-CE QUE LE « 1 % ARTISTIQUE » ?

Créée en 1951, l'obligation de décoration des constructions publiques (communément appelée 1 % artistique) est une procédure de commande d'œuvres à des artistes vivants qui s'impose à l'État, à ses établissements publics et aux collectivités territoriales. Défini par les textes (I), le 1 % artistique est un dispositif (II) qui présente certains avantages (III).

I- DÉFINITION DU 1 % ARTISTIQUE

Le 1 % artistique consiste, à l'occasion de la construction ou de l'extension de bâtiments publics, de réserver une somme permettant la réalisation d'une ou plusieurs œuvres d'art spécialement conçues pour le lieu. Dans le cadre de certains marchés de construction, les administrations publiques doivent obligatoirement réserver la somme de 1 % du montant des travaux[35], pour l'acquisition d'une ou plusieurs œuvres d'art (conçues pour le bâtiment considéré). Ce montant est toutefois limité à 2 millions d'euros.

D'abord institué pour les établissements scolaires et universitaires, le dispositif a été élargi au début des années 1980 et s'applique aujourd'hui à la plupart des constructions initiées par l'État ou par les collectivités territoriales (communes, départements et régions), à la suite des lois de décentralisation.

Chaque projet de 1 % artistique, commande ou achat d'œuvre, est conduit par le commanditaire du bâtiment concerné et accompagné par la Direction régionale des affaires culturelles (DRAC) affiliée. Les projets prenant place en dehors du territoire national sont accompagnés par la Direction générale de la création artistique.

[35] Il s'agit du montant hors taxes du coût prévisionnel des travaux établis à l'avant-projet définitif.

II- LE CADRE JURIDIQUE DU DISPOSITIF

La procédure est encadrée par le décret du 29 avril 2002[36]. Depuis le 1er avril 2019, le Code de la commande publique expose les modalités de passation de ces procédures, notamment en ses articles L2172-2 et R2172-7 à R2172-19.

La procédure du 1 % artistique est rythmée par des étapes clefs : amorcée par la définition du projet à l'initiative du commanditaire, elle passe par la mise en place d'un comité d'experts, au choix des équipes artistiques jusqu'à la réalisation finale de l'œuvre et de sa réception au public[37].

Assez complexe à ses débuts, cette procédure s'est toutefois simplifiée ses dernières années. Par ailleurs, un Guide pratique du 1 % artistique et de la commande publique a été mis au point par le Centre national des Arts plastiques (Cnap) à destination des commanditaires publics. Il a pour objet de les informer et de les accompagner sur l'ensemble de la procédure. En sus, le guide est conçu comme un outil aussi bien aux artistes et des acteurs de l'art contemporain qu'aux entreprises des travaux publics, aux architectes ou encore aux urbanistes.

III- LES AVANTAGES DU DISPOSITIF

Le 1 % artistique présente de nombreux avantages en particulier pour les artistes, les administrations publiques ainsi que pour les citoyens.

- **Concernant les artistes**

Le 1 % artistique bénéficie en premier lieu aux artistes. Tous les

---

[36] Décret n° 2002-677 du 29 avril 2002 relatif à l'obligation de décoration des constructions publiques et précisant les conditions de passation des marchés ayant pour objet de satisfaire à cette obligation.

[37] Le décret du 29 avril 2002 a été modifié par le décret n°2005-90 du 4 février 2005 puis précisé par une circulaire du 16 août 2006 du ministre de la Culture et de la Communication.

artistes professionnels sont éligibles au dispositif, sans condition de nationalité, dès lors que les obligations sociales et fiscales sont respectées. Ce dispositif leur permet de réaliser des projets importants en contractualisant avec de gros commanditaires tels que les collectivités territoriales ou les partenaires publics ou privés. Pour leurs démarches, ils sont soutenus par les conseillers pour les arts plastiques placés au sein des directions régionales des affaires culturelles (DRAC).

Les œuvres produites peuvent être de toute nature : dessin, sculpture, peinture, gravure, tapisserie, lithographie, photographie ou encore création numérique, design, graphisme etc. Les artistes peuvent souscrire au dispositif seul ou à plusieurs (avec un collectif d'artistes, un architecte ou un scientifique par exemple). De manière générale, les commandes relevant du « 1 % artistique » permettent de soutenir la création contemporaine en offrant une visibilité au travail des artistes et en contribuant directement à leur rémunération.

- **Concernant les administrations publiques**

Bien qu'il s'agisse d'une obligation pour les administrations publiques, le dispositif peut présenter certains intérêts à leur égard. Pour rappel, les commandes effectuées dans le cadre de ce dispositif doivent respecter les règles de mise en concurrence et de publicité préalables. L'acheteur est chargé de constituer un comité artistique sur le projet. Ce comité a pour mission de définir le programme de la commande et d'émettre un avis sur les propositions présentées par les artistes.

Toutefois, pour les achats inférieurs à 30.000 € HT, les administrations sont exonérées de l'obligation de constituer un conseil artistique. Dans ce cas, la commande artistique est possible après avis du maître d'œuvre, de l'utilisateur de l'ouvrage et du directeur régional des affaires culturelles. Lorsque l'achat ou la commande ne peut être confié qu'à un prestataire déterminé, l'acheteur peut négocier sans publicité ni mise en concurrence préalable[38].

Surtout, le dispositif du « 1 % artistique » peut être le levier d'une politique publique culturelle au niveau national comme au niveau local. À ce jour, ce dispositif profite notamment aux établissements scolaires et aux bibliothèques. Toutefois, il est possible de mettre en œuvre des projets beaucoup plus ambitieux qui attirent de nombreux artistes et investisseurs, enrichissent le patrimoine et s'inscrivent dans une démarche économique et sociale (enjeu pour le tourisme par exemple).

Pour la conduite et le financement de leurs projets, les administrations peuvent faire appel au mécénat, s'appuyer sur l'expertise de leur DRAC, ou encore bénéficier des aides régionales voire européennes.

- **Concernant les citoyens**

Souvent méconnu du grand public, le 1 % artistique permet de diffuser l'art dans l'espace urbain, en le faisant profiter à ceux qui n'ont pas forcément l'habitude de fréquenter les musées. Ce dispositif a donné lieu à plus de 12 400 projets se déployant sur l'ensemble du territoire et sollicitant plus de 4 000 artistes.

[38] En application des dispositions de l'article R. 2122-3 du Code de la commande publique.

LES FONDS RÉGIONAUX D'ART CONTEMPORAIN (FRAC)

Depuis leur création en 1982, les Fonds régionaux d'art contemporain (Frac) enrichissent le patrimoine d'art contemporain[39] et rendent accessible la culture notamment dans les zones périphériques. Avec plus de 600 expositions organisées par an[40] sur l'ensemble du territoire, les 23 Frac permettent ainsi de promouvoir les artistes contemporains et participent au rayonnement culturel de la France à l'étranger.

Dépourvus de régime légal à leur création, les Frac vont toutefois se structurer autour de 3 piliers :
- leur financement paritaire de la région et de l'État ;
- leur statut associatif ;
- et leur liberté d'administration dans l'acquisition des œuvres.
Ces trois éléments étant remis en cause depuis, le maintien du régime juridique des Frac interroge.

I - UN FINANCEMENT PARITAIRE ÉTAT/RÉGION REMIS EN CAUSE

Si les musées sont majoritairement financés par les recettes de billetterie et par les subventions des collectivités territoriales (notamment des communes), ce n'est pas le cas des Frac. À l'origine[41], ces derniers ont la particularité d'être financés à hauteur de 50 % par les régions et de 50 % par l'État. Cette égale répartition s'explique par le contexte de décentralisation. Cette répartition du financement est inscrite dans les contrats de plan État-régions (CPER). Pour rappel, les régions ont été reconnues

---

[39] Dans l'Histoire de l'art, l'art contemporain succède à l'art moderne. Il englobe toutes les œuvres réalisées après 1945.

[40] *Cf.* « Les Fonds régionaux d'art contemporain » disponible sur *www.culture.gouv.fr*.

[41] Circulaire du 3 septembre 1982 du ministre de la culture (Jack Lang) aux directeurs régionaux des affaires culturelles instituant les Fonds régionaux d'art contemporain.

comme des collectivités territoriales (autonomes) en 1982. La même année, les régions ont récupéré la compétence culturelle[42] et ont eu en charge (spécifiquement) la création et le fonctionnement des Frac.

La règle de répartition du financement des Frac n'est plus tellement respectée aujourd'hui : l'État ayant progressivement diminué sa participation. Au niveau des recettes, les subventions (toutes confondues) représentent 92 % du budget des Frac [43]. À la différence des musées, les Frac ont pour objectif de démocratiser et rendre accessible l'offre culturelle dans les zones périphériques. Cela étant, les Frac peuvent compter sur le mécénat (bien que limité en la matière) ou encore d'autres collectivités qui y apportent leur concours.

II- UN STATUT PRINCIPALEMENT ASSOCIATIF

Contrairement aux musées, les Frac n'ont pas le statut d'établissements publics. Conçus comme des partenaires des collectivités, les Frac en quasi-totalité sont créés en qualité d'associations à but non lucratif (organismes de droit privé assurant une mission de service public). Ce statut leur permettait de ne pas être contraints par les règles de droit public (personnel, comptabilité, marchés publics notamment).

A contrario, les collections des Frac n'étant pas publiques, elles ne bénéficiaient d'aucune protection juridique. Ainsi, l'État a plébiscité pendant plusieurs années le passage du statut associatif à celui d'établissements publics de coopération culturelle (EPCC)[44]. En effet, les musées, en leur qualité d'EPCC[45], sont protégés par les règles de la domanialité publique (inaliénabilité et imprescriptibilité de leurs collections).

---

[42] Compétence partagée entre l'État et les différentes collectivités territoriales.
[43] *Idem*.
[44] LOI n° 2002-6 du 4 janvier 2002 relative à la création d'établissements publics de coopération culturelle.
[45] À noter que certains musées ne bénéficient pas de ce statut, et sont constitués comme un service de la collectivité.

Cela étant, ces recommandations n'ont pas été suivies d'effet : les régions ayant conservé pour leur grande majorité le statut originel de leur Frac. Pour pallier ce problème, le législateur est intervenu en 2016 avec la loi dite LCAP[46]. Désormais, les Frac sont encadrés par un label. Celui-ci contient une clause prévoyant *« l'affectation irrévocable des biens acquis par dons et legs ou avec le concours de l'État ou d'une collectivité territoriale à la présentation au public »*[47].

Ainsi, les collections des Frac sont protégées peu importe leur statut privé ou public. Sur les 23 Frac actuels, quatre seulement ont le statut d'EPCC, un d'entre eux est constitué en régie autonome personnalisée (Besançon), un autre en syndicat mixte (Toulouse), un Frac relève du service de la direction de la culture de la collectivité (Corse), les 15 restants ayant conservé le statut d'association[48].

Par ailleurs, il faut noter que la restructuration de la carte des régions décidée en 2015 a pu impacter leur organisation. En 2020, les Frac de Rouen et Caen se sont réunies pour former la Frac de Normandie (statut EPCC). Cela étant, aucun Frac n'a été physiquement supprimé sous l'effet de la loi NOTRe[49].

Enfin, il faut rappeler que le changement d'un statut associatif (privé) à un celui d'EPCC (public) n'est pas sans conséquence. Ce statut emporte un changement pour le personnel (passage d'un statut de salarié de droit privé à celui d'agent territorial), pour les règles de comptabilité et des marchés publics.

---

[46] LOI n° 2016-925 du 7 juillet 2016 relative à la liberté de la création, à l'architecture et au patrimoine.
[47] Article L116-2 du Code du patrimoine.
[48] Inspection Générale des Affaires Culturelles, « Mission prospective sur les fonds régionaux d'art contemporain (FRAC) », septembre 2021, p. 11.
[49] LOI n° 2015-991 du 7 août 2015 portant nouvelle organisation territoriale de la République.

III- UNE LIBERTÉ D'ACQUISITION DES COLLECTIONS CONTESTÉE

À l'origine, les Frac jouissaient d'une grande liberté dans l'administration de leurs collections, en particulier pour l'acquisition de ces dernières. En effet, la circulaire portant création des Frac affirme que « *Chaque région définira sa politique d'acquisition* ».

La seule contrainte tenait à un avis préalable d'un « Comité d'Achats »[50] dont le rôle n'a été précisé qu'en 2002[51]. Rebaptisés « comités techniques d'acquisition » (CTA), leur composition ne fait l'objet d'aucune obligation. Il est simplement recommandé qu'ils soient composés de 4 à 6 membres : le directeur du Frac et 3 à 5 personnalités qualifiées en art contemporain nommées pour une durée de 3 ans renouvelable une fois, par le conseil d'administration[52], sur proposition du directeur.

Depuis 2016, la politique d'acquisition du CTA doit être définie dans le projet artistique et culturel du Frac. Ce projet est élaboré en dialogue avec les collectivités territoriales, les DRAC, les rectorats et les partenaires régionaux concernés[53].

Cela étant, la procédure d'acquisition des œuvres demeure fort contestée aujourd'hui. Tout d'abord, la composition des CTA est rarement détaillée (empêchant ainsi de contrôler l'absence de conflits d'intérêts dans les achats). Aussi, il est reproché que les critères d'attribution ne sont pas rendus publics. Quant au prix d'achat des œuvres, il est rarement communiqué au motif du secret commercial.

---

[50] Circulaire du 3 septembre 1982 du ministre de la culture (Jack Lang) aux directeurs régionaux des affaires culturelles instituant les Fonds régionaux d'art contemporain.

[51] Circulaire n° 002/006 du Ministre de la culture et de la communication du 28 février 2002.

[52] Les comités d'administration des Frac sont constitués des représentants des collectivités territoriales (notamment des régions) et des représentants de l'État (préfecture, DRAC, rectorats...) deux fois moins nombreux.

[53] LOI n° 2016-925 du 7 juillet 2016, *op. cit.*

Le choix des collections est également pointé du doigt. Les Frac favoriseraient un réseau d'artistes privilégiés, et ce, par de l'argent public. Enfin, il existe un problème de parité significatif dans la politique d'attribution : « *71 % des auteurs présents dans les collections sont des hommes, et la proportion monte à 75 % si l'on considère le nombre d'actes d'acquisition* »[54].

Woman : Moonlight (sculpture), 105.04 x 64.8 cm,
Roy Lichtenstein, 1996, Flickr.

[54] Inspection Générale des Affaires Culturelles, « Mission prospective sur les fonds régionaux d'art contemporain (FRAC) », septembre 2021, p. 57.

IV- QUEL AVENIR POUR LES FRAC ?

Les trois piliers constituant les Frac étant remis en cause, se pose la question de la pertinence d'une catégorie juridique distincte des musées. Toutefois, ils se distinguent des musées à plusieurs égards.

Contrairement aux musées ou aux centres d'art, les Frac ne constituent pas un lieu unique d'exposition : leurs collections changent et se déplacent en permanence en France et à l'international.

Au niveau de l'offre, les musées proposent une grande diversité culturelle (artistique, historique, archéologique...) là où les Frac sont spécialisés dans l'art contemporain[55]. À noter que plusieurs d'entre eux ont constitué des collections spécifiques à l'instar du Frac Centre dans l'architecture ou du Frac Picardie dans le dessin. La nationalité des artistes exposant dans les Frac est très cosmopolite. Sont notamment représentés les artistes américains (21 %), allemands (12 %) et britanniques (9 %) suivis par les Suisses et les Belges[56].

La création du label Fonds régional d'art contemporain en 2017 a permis de renforcer la pertinence de leur régime *ad hoc*[57]. Membres par l'association PLATFORM, les Frac constituent un vaste réseau d'acteurs en France et à l'international. L'association joue notamment un rôle de catalyseur d'informations sur leur activité, promeut leur spécificité, et valorise leurs collections.

---

[55] La photo et le dessin représentent près de la moitié des collections des Frac.

[56] Inspection Générale des Affaires Culturelles, *op. cit.*, p. 36.

[57] Arrêté du 5 mai 2017 fixant le cahier des missions et des charges relatif au label « Fonds régional d'art contemporain ».

QUE SE PASSE-T-IL EN CAS DE DÉCOUVERTE D'UN TRÉSOR ?

Chaque année, de nombreux Français ont la bonne surprise de découvrir des trésors : dans la cave d'une maison, un jardin, derrière un mur, sous la charpente d'un grenier... Mais comment revendiquer ses droits sur le butin ? Se posent les questions de la définition juridique du trésor (I) et de sa propriété (II). Par ailleurs, il est important d'aborder les obligations administratives et fiscales de la découverte (III) et le cas des découvertes « particulières » (IV).

I- LA DÉFINITION DU TRÉSOR

L'article 716 du Code civil définit un trésor comme *« toute chose cachée ou enfouie sur laquelle personne ne peut justifier sa propriété, et qui est découverte par le pur effet du hasard. »*. Pour être qualifié de « trésor » et être susceptible d'appartenir à son « inventeur » (la personne à l'origine de la découverte) trois conditions sont requises :

- **La chose doit être cachée ou enfouie :** La chose peut avoir été trouvée dans un mur, ou enterrée dans le jardin par exemple. Toutefois, la découverte d'un tableau dans un grenier ne sera pas considérée comme un trésor.

- **Personne ne peut justifier sa propriété :** Si à l'issue d'une découverte, les anciens propriétaires apportent la preuve de la propriété du bien, ce dernier ne pourra être qualifié de trésor (Cass, 1ère Civ., 6 juin 2018, n°17-16.091). L'action en revendication des véritables propriétaires étant imprescriptible.

- **La découverte doit être le pur effet du hasard :** La découverte doit être fortuite. Ainsi, l'utilisation d'un détecteur de métaux exclut l'idée que le trésor ait été découvert par « le pur effet du hasard ». Toutefois, le tribunal de Poitiers a accepté en

2004, de qualifier un bien de « trésor » alors qu'il avait été trouvé avec un détecteur de métaux.

II- LA PROPRIÉTÉ DU TRÉSOR

L'article 716 du Code civil précise : *« La propriété d'un trésor appartient à celui qui le trouve dans son propre fonds ; si le trésor est trouvé dans le fonds d'autrui, il appartient pour moitié à celui qui l'a découvert, et pour l'autre moitié au propriétaire du fonds »*.

- En cas de découverte d'un trésor sur son « propre fonds » (dans sa propriété ou sur une parcelle lui appartenant), le trésor revient intégralement à « l'inventeur » (celui à l'origine de la découverte).

- En cas de découverte d'un trésor sur le « fonds d'autrui », le trésor doit être partagé pour moitié entre l' « inventeur » et le propriétaire du fonds. Ainsi, la découverte d'un trésor par un ouvrier d'une société de travaux dans un jardin revient pour moitié à l'ouvrier (« l'inventeur » du trésor) et le propriétaire du terrain (propriétaire du « fonds »).

- En cas de découverte d'un trésor dans un lieu public (à l'instar d'un parc), le trésor doit être partagé pour moitié entre l' « inventeur » et le propriétaire du fonds (la commune par exemple).

III- LES OBLIGATIONS ADMINISTRATIVES ET FISCALES DE LA DÉCOUVERTE

La déclaration de découverte - En cas de découverte d'un trésor, l' « inventeur » doit adresser sans délai une « déclaration de découverte » au maire en mentionnant le lieu de la découverte et en apportant quelques photos. Cette déclaration doit être datée et signée par les différentes parties (informateur, propriétaire du terrain, inventeur). Toute découverte non déclarée est constitutive d'un vol. Elle pourra entraîner une procédure judiciaire relevant du Code pénal après un dépôt de plainte de la DRAC. Dans ce cas, l' « inventeur » devra également restituer le trésor.

Le régime fiscal du trésor - La découverte (fortuite) d'un trésor ne constitue pas un revenu imposable. Toutefois, en cas de vente du trésor, une taxe forfaitaire de 11,5 % (calculée sur le montant de la vente) s'applique. En cas de donation à l'un des ayants-droits, la fiscalité s'applique avec les mêmes abattements que dans le cas d'une donation. Elle s'applique en fonction de la valeur du bien et du degré de parenté entre le vendeur et son ayant-droit.

IV- LE CAS DES DÉCOUVERTES « PARTICULIÈRES »

Certains biens ont un régime particulier en cas de découverte : il s'agit des biens archéologiques et des gisements.

Le cas particulier des biens archéologiques - Depuis le 7 juillet 2016, la loi LCAP précise que le patrimoine archéologique appartient en totalité à l'État (art. 541-4). Par le biais de ces « relais » territoriaux (Préfet de région, DRAC), l'État dispose d'un délai de 5 ans pour évaluer si la découverte présente un intérêt scientifique ou historique. Si tel est le cas, l'État peut donc revendiquer la totalité de la découverte. *A contrario* (si l'État ne reconnaît pas d' « intérêt » à la découverte), celle-ci sera partagée entre l'inventeur et le propriétaire du terrain, en application de l'article 716 du Code civil.

Par ailleurs, la destruction, la dégradation ou la détérioration du patrimoine archéologique est punie de sept ans d'emprisonnement et de 100 000 € d'amende » (Code pénal, art. 322-3-1). Ainsi, lors de la découverte d'un trésor, l'« inventeur » doit être particulièrement vigilant. Il ne faudra pas déterrer complètement l'objet, au risque de l'abîmer et d'engager sa responsabilité pénale.

Le cas particulier des gisements - Il faut savoir qu'en France, un propriétaire possède un terrain et son sous-sol (Code civil, art. 552) à l'exception des ressources minières et pétrolifères qui appartiennent à l'État. Ainsi, en cas de découverte de pétrole, le propriétaire du fonds n'en sera pas propriétaire. L'État pourra exproprier le propriétaire pour cause d'utilité publique (Code civil, art. 545).

LES OBLIGATIONS DES COLLECTIVITÉS TERRITORIALES SUR LES CRÉATIONS ARTISTIQUES

Les collectivités territoriales détiennent de nombreuses créations artistiques destinées à enrichir leur patrimoine ou à valoriser leur territoire. Ces dernières années, plusieurs controverses ont éclaté sur les créations détenues par les collectivités : déboulonnement de statues de personnalités ayant participé directement ou non à la politique esclavagiste, créations d'artistes contemporains accusés d'agressions sexuelles ou de viols.

Pour ne pas être accusées de « complaisance » ou par précaution de ne pas voir leur patrimoine dégradé, des collectivités se sont interrogées sur le fait de se défaire de certaines créations. Au-delà des questionnements éthiques de ces pratiques, le droit français protège ces biens à trois niveaux : l'obligation de protéger les biens culturels (I), le respect du droit moral des artistes (II) et l'encadrement des régimes de domanialité (III).

I- L'OBLIGATION DE PROTÉGER LES BIENS CULTURELS

Tout d'abord, les collectivités territoriales, comme tout propriétaire public doivent protéger leurs biens culturels. La loi NOTRe [58] dispose que la politique culturelle est une responsabilité conjointe de l'État et des collectivités territoriales. En effet, « Les compétences en matière (…) de culture, (…) sont partagées entre les communes, les départements, les régions et les collectivités à statut particulier » (CGCT, art. L. 1111-4 al.2). La protection du patrimoine fait partie de la politique culturelle. L'État assure la coordination avec les collectivités territoriales avec les Directions régionales des affaires culturelles (DRAC),

---

[58] LOI n° 2015-991 du 7 août 2015 portant nouvelle organisation territoriale de la République (dite loi NOTRe).

services déconcentrés du ministère de la Culture, sous l'autorité du Préfet de région. La mission de protection du patrimoine culturel comprend la prévention contre les **dégradations volontaires** et contre les **dégradations involontaires**.

Concernant les premières, l'article 322-3-1 du Code pénal dispose que « *la destruction, la dégradation ou la détérioration est punie de sept ans d'emprisonnement et de 100.000 € d'amende* ». Autrement dit, toute personne qui porterait atteinte volontairement à du mobilier urbain (ce qui comprend les créations artistiques) est pénalement responsable. Cela implique pour la collectivité de se prémunir de telles atteintes à son patrimoine par la mobilisation des agents de sécurité ou encore de la vidéosurveillance.

Outre la prévention contre les atteintes volontaires, les collectivités doivent protéger leurs créations artistiques dont elles ont la garde des altérations naturelles. C'est le cas notamment de la mission de restauration des biens culturels (à l'instar de la restauration d'une peinture écaillée).

En sus, les maires ont une obligation supplémentaire dans le cadre de leur pouvoir de police : « *La police municipale a pour objet d'assurer le bon ordre, la sûreté, la sécurité et la salubrité publiques* » (GGCT, art. L. 2212-2 C). Ainsi, le maire doit veiller à ce que les créations artistiques ne présentent pas un danger pour la sécurité des personnes et des biens à l'instar d'une œuvre qui menacerait de s'effondrer sur la chaussée et/ou de blesser les passants.

Dans le cadre de son pouvoir de police spécial des bâtiments menaçant ruine, le maire a l'obligation de mettre fin à un danger causé par un immeuble bâti en raison de son état (Code de la construction et de l'habitation, art. L. 511-1 s.). Sont également concernés les immeubles présentant un risque d'effondrement ou d'incendie.

Il est d'usage que les artistes utilisent des bâtiments comme supports à leurs installations artistiques (JR, Christo notamment).

Dans l'hypothèse où cette installation compromettait la sécurité du bâtiment et des personnes, le maire aurait donc l'obligation de démanteler l'installation ou de procéder aux aménagements nécessaires.

Ainsi, le maire peut exiger des visites pour vérifier l'état de solidité de l'ouvrage. Il doit également prescrire des travaux de réparation ou de démolition pour mettre fin durablement au péril et imposer des mesures de protection des bâtiments contigus.

II- LE RESPECT DU DROIT MORAL DES ARTISTES

Les collectivités territoriales doivent enfin respecter le droit moral des artistes. Toute création résultant d'une activité intellectuelle ou artistique étant protégée en qualité d' « œuvre de l'esprit ». Le Code de la propriété intellectuelle dispose que « L'auteur d'une **œuvre de l'esprit** jouit sur cette œuvre, du seul fait de sa création, d'un droit de propriété incorporelle exclusif et opposable à tous » (art. L.111-1).

Le **droit à la paternité** de l'œuvre permet à l'auteur de faire reconnaître l'œuvre comme sa création, et d'exiger la mention de son nom sur l'œuvre et tous documents la mentionnant[59] (jusqu'à 70 ans suivant l'année civile de sa mort). Sur ce fondement, le juge français est régulièrement amené à sanctionner des altérations ou modifications de l'œuvre, quelle qu'en soit leur importance - et qui n'avaient pas été préalablement autorisées par l'auteur.

Il importe peu que l'œuvre soit achevée ou non (CPI, art. L111-2) ou que l'œuvre soit méritante ou non (CPI, art. L112-1). Peu importe sa destination, l'œuvre sera protégée en vertu du principe de l'unité de l'art (CPI, art. L112-1). L'empaquetage du Pont-Neuf par l'artiste Christo avait ainsi été considéré comme une œuvre de l'esprit.

---

[59] L'article L. 121-1 du Code de la propriété intellectuelle précise que « l'auteur jouit du droit au respect de son nom, de sa qualité et de son œuvre ».

Arc de Triomphe empaquetté, Christo, 2021, Pixabay.

Ce droit à la paternité de l'œuvre protège l'artiste à l'égard du droit de reproduction (imprimerie, numérisation), du droit de représentation (représentation publique, télédiffusion) et du droit de suite (pourcentage sur les produits de la vente). Sur ce point, la jurisprudence Bernard Buffet a explicitement rappelé que le droit moral, qui appartient à l'auteur d'une œuvre artistique, donne à celui-ci la faculté de veiller, après sa divulgation au public, à ce que son œuvre ne soit pas dénaturée ou mutilée[60].

Enfin, les juridictions sanctionnent régulièrement des atteintes au respect des œuvres d'art. C'est le cas pour la destruction d'une sculpture à l'occasion de travaux de réfection, de l'effacement d'une fresque murale, d'une personne publique qui laisse « déguiser » ou « grimer » une sculpture, ou encore suite à des travaux sur une fontaine monumentale sans l'accord des artistes[61].

---

[60] Cass. 1re civ., 6 juill. 1965, *Bernard Buffet*.

[61] Respectivement : CA Limoges, 30 mars 2011, n° 10/00172 ; TGI Paris, 17 janv. 2014, n° 09/17699 ; TGI Paris, 13 mars 2015, n° 13/07193 ; TGI Lille, ord. réf., 15 mai 2018, n° 18/00558.

III- L'ENCADREMENT DES RÉGIMES DE DOMANIALITÉ

Enfin, les collectivités territoriales sont soumises aux règles de la domanialité. Les collectivités territoriales disposent d'un domaine public inaliénable, insaisissable et imprescriptible (A) ainsi que d'un domaine privé soumis au droit privé et insaisissable (B).

A- LES CRÉATIONS ARTISTIQUES APPARTENANT AU DOMAINE PUBLIC

Les biens des personnes publiques qui relèvent du domaine public sont inaliénables et imprescriptibles (CGCT, art. L3111-1). Lorsque les créations artistiques détenues par les collectivités territoriales relèvent de leur domaine public, elles ne peuvent pas en disposer librement. L'inaliénabilité signifie que la cession de biens est impossible. Ainsi, la collectivité territoriale ne peut pas vendre une création artistique qui appartient au domaine public, à peine de nullité de la vente.

L'imprescriptibilité[62] signifie que le bien ne perd pas sa qualité publique du fait d'un non-usage par l'administration ou de son utilisation par un tiers. De fait, une personne physique ou morale ne pourrait revendiquer la propriété de toute ou partie d'une œuvre urbaine au motif qu'elle l'a détient depuis un certain temps (l'œuvre continue d'appartenir au domaine public). À noter que les deux principes (inaliénabilité et imprescriptibilité) sont parfois réunis pour fonder « l'indisponibilité du domaine public ».

---

[62] Le principe d'imprescriptibilité est souvent présenté comme le corollaire de l'inaliénabilité. Ce principe s'oppose à l'existence d'une prescription acquisitive qui aboutirait à priver une personne publique d'une dépendance de son domaine public. *Cf.* BIGLIONE (F.), « Domanialité publique et protection des biens culturels », *Legicom*, 2006, n° 36, p. 69.

B- LES CRÉATIONS ARTISTIQUES APPARTENANT AU DOMAINE PRIVÉ

Les créations artistiques qui se trouvent sur le domaine privé des collectivités territoriales sont régies par le droit privé. N'étant pas inaliénables et imprescriptibles, la collectivité peut donc les vendre (CGCT, art. L2221-1). Toutefois, deux règles protègent les biens appartenant au domaine privé : l'insaisissabilité[63] et l'interdiction de cession à vil prix.

Tous les biens des personnes publiques sont insaisissables qu'ils appartiennent au domaine privé ou public (CGCT, art. 2311-1). Quand bien même la commune serait endettée et détiendrait une œuvre d'art permettant de combler cette dette, personne ne pourra saisir ses biens.

Par ailleurs, les personnes publiques sont soumises à une interdiction de cession à vil prix. Autrement dit, les collectivités territoriales n'ont pas le droit de céder leurs œuvres d'art appartenant à leur domaine privé en dessous de leur valeur réelle. Dans sa décision « Privatisations » rendue les 25-26 juin 1986, le Conseil constitutionnel a précisé que : *« La Constitution s'oppose à ce que des biens ou des entreprises faisant partie de patrimoines publics soient cédés à des personnes poursuivant des fins d'intérêt privé, pour des prix inférieurs à leur valeur ».*

---

[63] Sur le principe d'insaisissabilité des biens publics, *cf.* BEAUREGARD BERTHIER (O.-D), *Droit administratif des biens*, *Gualino*, 9ème éd., 2013, p. 36.

LE DROIT D'ACCÈS AUX ARCHIVES PUBLIQUES FRANÇAISES

L'institution des Archives publiques a été créée à la Révolution française par la loi du 7 Messidor an II (25 juin 1794). En 2019, 1,8 milliard d'images d'archives ont été consultées en France. Définies par les textes (I), les archives publiques sont accessibles en application de la Constitution (II). Ce droit d'accès s'exerce après demande de communicabilité de ces dernières (III).

I- LA NOTION D'ARCHIVES PUBLIQUES

Définition de l'archive - Le Code du patrimoine définit les archives, publiques et privées, comme « *l'ensemble des documents, y compris les données, quels que soient leur date, leur lieu de conservation, leur forme et leur support, produits ou reçus par toute personne physique ou morale et par tout service ou organisme public ou privé dans l'exercice de leur activité* » (art. L. 211-1).

Concernant les archives publiques, elles désignent tous les *documents considérés comme administratifs* au sens du Code des relations entre le public et l'administration (CRPA, art. L. 211-4). Le CRPA précise qu'il s'agit des « *documents produits ou reçus, dans le cadre de leur mission de service public, par l'État, les collectivités territoriales ainsi que par les autres personnes de droit public ou les personnes de droit privé chargées d'une telle mission* ».

Il poursuit : « *Constituent de tels documents notamment les dossiers, rapports, études, comptes rendus, procès-verbaux, statistiques, instructions, circulaires, notes et réponses ministérielles, correspondances, avis, prévisions, codes sources et décisions* » (art. L.300-2).

L'usage du terme « notamment » dans le Code permet à de nombreux documents de relever de la qualification d' « archives publiques » - donnant ainsi le droit à une personne physique ou morale d'y avoir accès. Peuvent constituer des archives publiques (non listées par le Code) les CD, maquettes, ouvrages, données numériques, archives audiovisuelles, certains objets de collection, dessins et modèles, témoignages ou encore des photographies par exemple.

Fonds d'archives - Les archives sont liées à la notion de fonds (principe de provenance) et sont conservées, à l'intérieur d'un cadre de classement en séries et sous-séries. Ainsi, le fonds d'archives désigne un ensemble de documents de toute nature constitué de façon organique par un producteur dans l'exercice de ses activités et en fonction de ses attributions. Par exemple, les archives produites par les différents services d'une commune constituent un seul ensemble : le fonds d'archives de la commune.

II- L'ACCÈS AUX ARCHIVES PUBLIQUES : UN DROIT CONSTITUTIONNEL

Les archives publiques sont en principe accessibles (A). Toutefois, les délais de communicabilité des archives publiques dépendent de la nature de ces dernières (B).

A- LE PRINCIPE ET SES EXCEPTIONS

En France, l'accès aux archives publiques est un droit constitutionnel (CC, n° 2017-655 QPC du 15 septembre 2017, M. François G.). Ce droit s'appuie sur l'article 15 de la DDHC selon lequel *« La société a le droit de demander compte à tout agent public de son administration »*.

Toutefois, il appartient au législateur le soin d'apporter des limitations à ce droit liées à des exigences constitutionnelles ou justifiées par l'intérêt général, sans qu'il n'en résulte des atteintes disproportionnées au regard de l'objectif poursuivi.

Consacré à l'article L. 213-1 du Code du patrimoine, le principe de libre communicabilité des archives signifie que les documents administratifs restent communicables sans restriction après leur versement aux archives. Ainsi, l'article L. 311-2 du CRPA précise que le droit à la communication des archives ne s'applique qu'à des documents achevés[64]. Cela signifie que les documents préparatoires à une décision administrative ne sont pas communicables (tant que la décision est en cours d'élaboration).

Par ailleurs, ne sont pas communicables les documents qui portent atteinte à des secrets qui sont protégés par la loi. L'article L311-5 fait la liste des documents qui ne sont pas communicables. Pour ces derniers, il faudra respecter un délai de communicabilité de 25 à 100 ans. La communicabilité de l'archive dépend de sa date et de son contenu. Ponctuellement, l'administration des archives peut ouvrir par arrêté des fonds d'archives avant l'expiration du délai de communicabilité.

B- LES DÉLAIS DE COMMUNICABILITÉ

La loi de 2008[65] a modifié les délais de communicabilité prévus par la loi de 1979[66]. Le délai de communicabilité signifie que les informations confidentielles ne sont pas divulguées pendant un certain nombre d'années[67].

Concernant les archives communicables de plein droit (documents administratifs, état civil, décès), elles peuvent être communiquées sous couvert de l'occultation des informations

---

[64] L'article prévoit une exception à la règle de non-communicabilité des documents préparatoires : *« Cependant, les avis, prévus par les textes législatifs ou réglementaires, au vu desquels est prise une décision rendue sur une demande tendant à bénéficier d'une décision individuelle créatrice de droits, sont communicables à l'auteur de cette demande dès leur envoi à l'autorité compétente pour statuer sur la demande » ibid.*

[65] LOI n° 2008-696 du 15 juillet 2008 relative aux archives.

[66] LOI n° 79-18 du 3 janvier 1979 sur les archives.

[67] Annexe.

relevant du secret protégé par la loi. Pour des raisons de sécurité nationale et internationale, les archives relatives aux armes de destruction massive ne sont jamais communicables.

III- LA DEMANDE DE COMMUNICABILITÉ DES ARCHIVES PUBLIQUES

Les archives publiques sont communicables après avoir respecté la procédure de demande à l'administration des archives (A) et sous réserve de certaines modalités de consultation (B). Cela étant, le droit d'accès de certaines archives est restreint, en particulier l'accès des archives dites « secret-défense » (C).

A- LA PROCÉDURE DE DEMANDE À L'ADMINISTRATION DES ARCHIVES

La demande à l'administration des archives s'effectue selon la procédure de droit commun (1) ou la procédure dérogatoire (2).

1- LA PROCÉDURE DE DROIT COMMUN

Le Code du patrimoine prévoit la procédure de droit commun à la consultation des archives (art. L. 213-3). L'administration dispose d'un délai d'un mois pour répondre à la demande d'accès. L'accès aux archives publiques est gratuit (CRPA, art. L.311-9). Seuls des frais de reproduction et postaux peuvent être facturés au demandeur.

Toute administration détentrice d'archives publiques ou privées est tenue de motiver tout refus qu'elle oppose à une demande de communication de documents d'archives (C. patr., art. L. 213-4). En cas de refus de communication de l'administration, le demandeur pourra exercer un recours devant la Commission d'accès aux documents administratifs (CADA) préalable obligatoire à tout recours contentieux (CRPA, art. L. 342-1). En principe, la CADA doit être saisie dans le délai de deux mois à compter de la notification du refus ou de l'intervention du refus tacite (CRPA, art. R. 343-1).

2- LA PROCÉDURE DÉROGATOIRE

Le Code du patrimoine prévoit une procédure dérogatoire à la consultation des archives (art. L. 213-3). Autrement dit, une personne pourra consulter les archives avant l'expiration des délais de communicabilité fixés par la loi. Cette dérogation est possible sous réserve de plusieurs conditions.

Tout d'abord, « *l'intérêt qui s'attache à la consultation de ces documents ne conduit pas à porter une atteinte excessive aux intérêts que la loi a entendu protéger* ». Par exemple, si l'administration se rend compte que la personne à l'origine d'une demande anticipée de documents relatifs à la sécurité des personnes a des liens avec le terrorisme, elle pourra naturellement opposer un refus.

Par ailleurs, l'autorisation est accordée par la Direction des archives de France aux personnes qui en font la demande après accord de l'autorité dont émanent les documents. Sur ce point, les minutes et répertoires des notaires font l'objet d'un traitement particulier[68].

Si le délai de demande d'accès à une archive est de 1 mois (procédure de droit commun), l'administration dispose de 2 mois pour répondre à une demande d'accès anticipée. Ce délai commence à courir à compter de l'enregistrement de la demande.

La CADA peut être saisie du refus opposé à une demande de dérogation (CRPA, art. L. 342-1). Au cas par cas, elle évalue les avantages et les inconvénients d'une communication anticipée : contenu du document, motivations et qualité du demandeur (intérêt scientifique s'attachant aux travaux, intérêt administratif ou familial), et sa capacité à respecter la confidentialité des informations dont il souhaite avoir accès. L'administration

[68] Article 23 de la loi du 25 ventôse an XI contenant organisation du notariat.

détentrice d'archives doit motiver tout refus qu'elle oppose à une demande de communication (C. patr., art. L. 213-5).

B- LES MODALITÉS DE LA CONSULTATION DES ARCHIVES PUBLIQUES

L'accès aux archives se fait selon les modalités prévues à l'article L. 311-9 du CRPA qui instaure le principe du libre choix par le demandeur des formes dans lesquelles s'effectue la communication. Toutefois, le choix de la forme de communication peut être limité par les contraintes techniques de l'administration ou de l'état de conservation du document. Si la demande porte sur un nombre important de documents, l'administration peut demander un aménagement des conditions d'accès.

En sus, le droit d'accès aux archives publiques n'ouvre aucun droit à la modification matérielle d'un document d'archive existant.

Les modalités d'accès aux archives sont les suivantes :

- consultation sur place ;
- délivrance d'une copie sur un support identique ;
- envoi par un message électronique (s'il est disponible sous cette forme) ;
- publication en ligne (sauf si le document n'est communicable qu'à l'intéressé).

En cas de consultation de l'archive sur place, le demandeur est tenu à des règles strictes. Afin de ne pas détériorer le document, il ne peut apporter stylo, ciseaux, cartable, sac ou encore son manteau, consommer ni boisson, ni nourriture ni s'appuyer sur un document. Aussi, la consultation d'archives est soumise à une surveillance permanente destinée notamment à faire respecter le silence, éviter les dégradations et prévenir les vols.

Il faut noter que le vol d'archives est imprescriptible : *« Est puni d'un an d'emprisonnement et 15 000 € d'amende le fait, pour une personne détentrice sans droit ni titre d'archives publiques ou d'un autre bien culturel appartenant au domaine public, de ne pas les restituer sans délai au propriétaire ou à l'autorité qui en fait la demande »* (C. Patr., art. L.114-2-1).

Seules les archives statistiquement les plus consultées sont numérisées.

C- LA RESTRICTION D'ACCÈS AUX ARCHIVES « SECRET-DEFENSE »

La loi de 2008 relative aux archives [69] dispose que les documents protégés par le « secret-défense » sont accessibles après un délai de 50 ans ou de 100 ans [70] (art. 17 de la loi). À l'issue de ce délai, ces archives sont accessibles sauf dans le cas où leur publicité constituait une grave menace pour la sécurité du pays.

Par deux arrêtés de 2011 et de 2020[71], le Premier ministre a exigé que chaque archive « secret-défense » fasse l'objet d'une procédure de déclassification[72] avant d'être communiquée aux personnes qui en font la demande après expiration des délais prévus par la loi.

Estimant que cette procédure porte atteinte à la liberté d'accès aux archives publiques, des archivistes et des historiens ont demandé son annulation au Conseil d'État. Par une décision du 2 juillet 2021, la juridiction estime que ces archives sont

---

[69] LOI n° 2008-696 du 15 juillet 2008 relative aux archives.

[70] La loi impose des délais d'accès de 50 ans pour les documents dont la communication porterait atteinte au secret de la défense nationale, voire 100 ans pour ceux dont la communication est en outre de nature à porter atteinte à la sécurité d'individus nommés ou pouvant être facilement identifiés.

[71] Instruction générale interministérielle n° 1300 sur la protection du secret de la défense nationale (art. 63) ; Arrêté du 13 novembre 2020 portant approbation de l'instruction générale interministérielle n°1300 sur la protection du secret de la défense nationale.

[72] Les services des archives avaient l'obligation de déclassifier les documents un par un à partir du délai de prescription ce qui entraînait un travail et une complexité telle que cela dissuadait de demander l'accès à ces archives.

communicables de plein droit dès l'expiration d'un délai de 50 ou 100 ans. Le Conseil d'État a donc annulé cette procédure de déclassification préalable car elle est contraire à la loi de 2008.

Les choses se compliquent avec l'adoption de la loi du 30 juillet 2021 relative à la prévention d'actes de terrorisme et au renseignement qui vient restreindre l'accès aux archives « secret-défense » (art. 25). Auparavant, l'Administration des archives devait permettre la publication des archives « secret-défense » à l'issue d'un délai 50 ou de 100 ans, et ce, à compter de la date de naissance du document.

Désormais, la loi fait courir le décompte à partir de la « fin de l'affectation à ces usages » c'est-à-dire la date de fin d'utilisation du document. Ce critère flou est laissé à la libre interprétation de l'administration productrice du document (et plus à l'administration des archives).

Le Conseil constitutionnel a énoncé deux réserves d'interprétation sur cet article 25[73]. Il a jugé que cet article ne peut s'appliquer à des documents dont la communication n'a pas pour effet de révéler une information jusqu'alors inaccessible au public. L'autre réserve concerne l'accès aux archives intéressant des installations nucléaires ou militaires. Considérée comme un recul majeur pour l'accès à l'Histoire, cette disposition est toujours fortement contestée par la communauté des archivistes et des historiens.

---

[73] Décision n° 2021-822 DC du 30 juillet 2021, *Loi relative à la prévention d'actes de terrorisme et au renseignement.*

LA CENSURE DE L'ART NU SUR LES RÉSEAUX SOCIAUX

Des premiers hommes préhistoriques à aujourd'hui, les corps nus ont toujours été représentés dans l'art. Certaines œuvres sont célèbres pour avoir créé la polémique en raison de la représentation de la nudité à l'instar des toiles *La Liberté guidant le peuple* de Delacroix (1830), *L'Origine du monde* de Courbet (1866) ou encore des photographies de Robert Mapplethorpe. De nos jours, la problématique s'est amplifiée avec les réseaux sociaux.

Compte-tenu de l'interdiction de la nudité sur les réseaux sociaux (I), il existe de nombreux exemples de censures d'œuvres célèbres sur les plateformes (II). Partant, les utilisateurs cherchent à se protéger contre la censure artistique sur les réseaux sociaux (III). Un assouplissement des règles relatives à l'art nu est-il envisageable ? (IV).

I- L'INTERDICTION DE LA NUDITÉ SUR LES RÉSEAUX SOCIAUX

Encore aujourd'hui, la réglementation sur les réseaux sociaux interdit la diffusion des images et vidéos contenant de la nudité. Si cette obligation vise à protéger les mineurs des images pornographiques, elle paraît absurde concernant les œuvres :

- Interdire les images de nus artistiques sur les réseaux sociaux alors que la pornographie est accessible aux mineurs est paradoxale ;
- Par ailleurs, il existe une différence entre la représentation artistique du corps nu et des images et vidéos à caractère purement sexuel.

Plusieurs réseaux sociaux semblent faire une différence. Ainsi, Facebook affirme tolérer les photos de nudité dans le cadre d'un projet artistique, d'une manifestation ou « *pour des raisons pédagogiques ou médicales* ». En réalité, la politique de modération des plateformes est tellement rigide concernant la nudité qu'elle ne distingue pas le nu artistique de la pornographie. Ainsi, toute publication d'un sujet nu (photographie ou vidéo) pourra être supprimée et le compte de son utilisateur potentiellement bloqué.

II- EXEMPLES DE CENSURES D'ŒUVRES CÉLÈBRES SUR LES RÉSEAUX SOCIAUX

À l'exception de Twitter, les réseaux sociaux sont régulièrement pointés du doigt pour censurer les artistes qui représentent la nudité : photographes, peintres, sculpteurs entre autres. Voici quelques illustrations d'œuvres célèbres qui ont été censurées par la plateforme.

Dans le cadre de sa rétrospective à Laure Albin Guillot en 2013, le musée du Jeu de Paume avait partagé sur sa page Facebook la photographie d'une étude de nu. La plateforme a supprimé la publication et a menacé de fermeture la page du musée.

En 2016, Facebook a supprimé une photo de la petite sirène de Copenhague (statue en bronze) contenant selon lui « une connotation sexuelle ». La même année, le géant américain bloque le compte de nombreux utilisateurs norvégiens dont la première ministre du pays pour avoir publié la célèbre photographie *Fille au napalm* de Nick Ut.

En 2017, Facebook supprime la publication de la Statue de Neptune à Bologne en justifiant : *Le contenu de cette image est sexuellement explicite et montre le corps de façon excessive, en se concentrant de façon superflue sur certaines parties du corps.*

Dans le cadre de son exposition consacrée à la collection Bührle en 2017, la fondation de l'Hermitage (Lausanne) avait publié une vidéo présentant la peinture *Nu couché* de Modigliani. Facebook avait supprimé sa publication sans aucune explication. La censure paraît d'autant plus incompréhensible que de nombreuses peintures de nus de l'artiste sont disponibles sur la plateforme.

En 2018, Facebook a censuré la Vénus de Willendorf, chef d'œuvre de l'ère paléolithique, considérée comme « *la représentation préhistorique de femme la plus populaire et la plus connue au monde* ». Suite à la polémique, la plateforme s'était excusée et avait accepté la publication. Elle avait précisé que la « *politique en matière de publicité ne permet pas la nudité ou la nudité suggérée* » avant de souligner « *une exception pour les statues* ».

Bien que Facebook soit souvent épinglé dans ses affaires, les autres réseaux sociaux sont également concernés par cette censure. Pour preuve, le Musée Albertina (Vienne) avait vu son compte TikTok suspendu pour avoir publié des photographies de l'artiste Nobuyoshi Araki. La raison ? Une poitrine féminine (pourtant obscurcie) apparaissait sur l'un des clichés.

Autre exemple en 2021, une vidéo du Musée Leopold (Vienne) avait été supprimée d'Instagram (et de Facebook) au motif qu'elle était « potentiellement pornographique ». En cause, la toile *Liebespaar* de Koloman Moser montre le téton d'une femme.

Enfin, en novembre 2021, le compte Twitch du présentateur et streamer français Samuel Etienne avait été bloqué pendant 3 jours pour avoir fait une capture d'écran du film L'exécution de 1961 où l'on pouvait apercevoir les fesses d'une actrice.

III- LES ACTIONS DES UTILISATEURS CONTRE LA CENSURE ARTISTIQUE SUR LES RÉSEAUX SOCIAUX

La censure du nu artistique sur les réseaux sociaux fait débat. Deux possibilités s'offrent aux utilisateurs : l'action préventive (A) et l'action juridictionnelle (B).

A- L'ACTION PRÉVENTIVE

Afin d'éviter la censure de ses créations (photographies, vidéos, performances), un artiste qui ne voudrait pas voir son travail censuré a deux choix : le « floutage » de son œuvre ou la possibilité de publier en dehors des réseaux sociaux.

Le « floutage » est l'action la plus répandue. Avant de publier sa création sur une plateforme, la personne camoufle les parties intimes du/des sujet(s). Ainsi, un photographe (amateur comme professionnel) devra camoufler les tétons et le sexe de ses modèles en cas de diffusion sur Instagram par exemple. Cette pratique est une contrainte puisqu'elle vient dénaturer l'œuvre. Imaginons-nous un instant l'intérêt de *La liberté guidant le peuple* de Delacroix avec un carré noir à la place du téton ?

De nombreux utilisateurs se sont détournés des réseaux sociaux pour pouvoir diffuser librement leur contenu : site internet, blog, conférences. En octobre 2021, l'Office de Tourisme de Vienne a fait réagir en créant la campagne « *Vienna strips on OnlyFans* ». Pour rappel, cette plateforme est célèbre pour les photos et vidéos sexuellement explicites publiées par des créateurs moyennant des abonnements payants. Par cette action médiatique, le musée a voulu dénoncer la censure des réseaux sociaux et la nécessité de trouver d'autres sites pour pouvoir diffuser des nus artistiques.

Sans titre, Saulius Rozanas, 2018, Dunstable, Pixabay.

Ces dernières années, les institutions muséales sensibilisent le public sur les censures régulières des nus sur internet et sur la nécessité de faire connaître ces œuvres.

B- L'ACTION JURIDICTIONNELLE

Certains utilisateurs (particuliers comme sociétés) choisissent de poursuivre les réseaux sociaux devant les tribunaux suite à la censure de leur compte. Bien que coûteuse et chronophage, cette action permet de faire du « *name and shame* » (dénoncer publiquement les pratiques du réseau social), mais aussi de réclamer des dommages et intérêts.

Ainsi, en 2011, un utilisateur de Facebook qui avait publié une photographie de l'*Origine du monde* (1866) de Courbet a eu son compte désactivé. Suite à l'envoi des courriers au réseau social et à l'absence de réponse, le plaignant avait assigné en justice Facebook devant le tribunal de grande instance de Paris le 4 octobre 2011. Il demandait la réactivation de son compte et le versement 20.000 euros de dommages et intérêts au motif que son compte avait été désactivé « sans préavis ni justificatif ».

Suite à une longue bataille juridique entre le plaignant et le géant américain pour connaître de la juridiction compétente, les juridictions françaises ont finalement été reconnues compétentes.

Par un jugement du 15 mars 2018[74], le tribunal de grande instance de Paris a débouté le plaignant. Il n'était en effet pas démontré que la désactivation du compte Facebook était due à la publication d'une photographie du tableau. Toutefois, le tribunal reconnaît « une faute » de Facebook, qui a exercé son droit de résiliation sans opposer un délai de préavis raisonnable et sans préciser les raisons de cette désactivation.

En août 2019, le plaignant avait annoncé le retrait de sa plainte suite à un accord avec le réseau social : le versement d'un don conjoint des deux parties à une association spécialisée dans le *street art* (association « le M.U.R. »).

IV- VERS UN ASSOUPLISSEMENT DES RÈGLES RELATIVES À L'ART NU ?

La représentation de la nudité est davantage admise par la société. Les juges rappellent aussi que « *la représentation du nu, immémoriale, n'est pas illicite en soi* »[75].

---

[74] TGI Paris, 15 mars 2018, n°12/12401.
[75] TGI Paris, 1re ch., 1re sect., 11 janvier 1990.

Du côté des plateformes, le géant américain **Facebook** s'est engagé à ce que ses équipes de modération reviennent vers l'utilisateur concerné dans les 24 heures après la censure. Par ailleurs, il autorise les photos de peintures, sculptures et autres œuvres d'art illustrant des personnages nus.

Force est de constater que la censure est toujours présente pour une raison majeure. Pour pouvoir gérer les 350 millions de photos partagées par jour sur le réseau social, les modérateurs de **Facebook** se font assister d'algorithmes qui détectent en amont la nudité des contenus. Le modérateur a une dizaine de secondes pour évaluer s'il s'agit d'un contenu pornographique ou artistique d'où une marge d'erreur élevée.

Le réseau social **Instagram** a assoupli sa politique en matière de nudité. Ainsi, « *Les images de personnes cachant leur poitrine en la tenant, la couvrant ou en croisant les bras* », sont désormais autorisées. Toutefois, le réseau refuse toujours d'autoriser le *breast squeezing* (le fait de serrer sa poitrine avec les mains). Il considère cette pratique comme « *souvent associée à du contenu pornographique* ».

Régulièrement critiquée pour moins mettre en avant les vidéos exposant la nudité et pour les démonétiser, la plateforme **YouTube** maintient cette interdiction des contenus présentant de la nudité. Toutefois, elle affirme « *Nous pouvons faire des exceptions pour certains contenus si leur objectif est éducatif, documentaire, scientifique ou artistique* ».

Le réseau social **Twitter** fait figure d'exception parmi les réglementations de la nudité sur les plateformes. Le réseau social n'interdit pas la nudité artistique. Mais contrairement à ses concurrents, il autorise jusqu'à la diffusion de vidéos pornographiques sur le réseau (avec un simple avertissement pour prévenir de l'accès à un contenu réservé aux adultes). Les seuls contenus interdits concernent donc les *« photos ou vidéos intimes d'une personne réalisées ou diffusées sans son consentement ».*

PEUT-ON DÉPOSER UNE COULEUR À TITRE DE MARQUE ?

Artistes et publicitaires ont toujours cherché à s'approprier une couleur pour en faire leur marque, une caractéristique propre dont il serait détenteur. Très utilisée, cette pratique a été encadrée par le législateur français et par la jurisprudence européenne. Deux artistes se sont particulièrement illustrés dans ce domaine en « inventant » une couleur et en la protégeant :

- ***Le International Klein Blue (IKB) d'Yves Klein***

Célèbre pour ses monochromes, le peintre d'avant-garde Yves Klein a mis au point un pigment bleu industriel, qu'il définira avec l'appellation IKB, « International Klein Blue ». Beaucoup pensent que Klein a breveté la couleur. En réalité, l'artiste a simplement adressé à l'INPI, le 19 mai 1960, une enveloppe Soleau (une lettre estampillée par l'institut permettant de revendiquer la paternité d'une invention) qui détaille la formule du liant qu'il mélange au pigment bleu outremer n°1311. Ce n'est donc pas la couleur qui est brevetée, mais le procédé de fabrication de celle-ci à savoir la formule du liant.

En parallèle du bleu, Yves Klein est à l'origine du rose Monopink™ (ce n'est pas la couleur qui est déposée, mais plutôt le principe du monochrome rose) et le Monogold (monochrome à la feuille d'or, l'or étant un matériau et non une couleur protégée).

- ***Le Vantablack d'Anish Kapoor***

En 2016, le plasticien britannique Anish Kapoor devient propriétaire du Vantablack. Ce nom est issu de la combinaison des termes « black » (noir) et « *Vertically Aligned Nanotube Arrays* » désignant des tableaux de nanotubes alignés verticalement. Produit par la société Surrey NanoSystems pour couvrir les satellites et avions de combats furtifs, ce matériau a la capacité d'absorber la matière à 99,96 %. En achetant la licence exclusive sur le brevet en 2016, Anish Kapoor devient propriétaire de ce « noir absolu », la couleur la plus sombre au monde jamais inventée.

Provoquant de vives réactions au sein de la communauté artistique, l'artiste britannique Stuart Semple a réagi de manière humoristique en créant PINK « la peinture rose la plus rose du monde » qui ne pouvait être achetée que par des personnes qui s'engageaient à ne pas donner ou vendre ce rose à Anish Kapoor. En 2017, Semple agit de nouveau avec la sortie de sa propre version du Vantablack, surnommée Better Black.

Que dit le droit français ?

S'il est possible en soi de protéger juridiquement une couleur à titre de marque, cela s'avère très difficile dans la pratique. Les juridictions européennes et nationales ont mis en place des conditions tellement strictes que les cas demeurent exceptionnels.

L'ancien article L.711-1 du Code de la propriété intellectuelle prévoyait que « *les signes figuratifs tels que : [...] combinaisons ou nuances de couleurs* » sont des éléments constitutifs de la marque.

Depuis 2019[76], l'article L.711-1 ne fait plus référence aux couleurs. Désormais, pour qu'un signe puisse être déposé à titre de marque, il faut qu'il soit « distinctif ». Pour ce faire, il doit permettre à tout consommateur d'identifier l'origine des produits ou des services revêtus de la marque par rapport aux produits d'une marque concurrente.

La Cour de Justice de la Communauté européenne est venue encadrer davantage cette pratique par un arrêt du 12 décembre 2002. Elle a affirmé que : « *La représentation graphique du signe et de la couleur, doit être claire, précise, objective et durable* ».

---

[76] Ordonnance n° 2019-1169 du 13 novembre 2019.

Ainsi, il ne suffit pas de reproduire la couleur sur papier : la nuance de couleur doit être identifiée par un code d'identification internationalement reconnu à l'instar de la classification Pantone. C'est le cas par exemple des couleurs déposées de marques Tiffany (Pantone 1837), La Poste (Pantone 109), Milka (Pantone 18-3838) ou encore Hermès (Pantone 1448).

Par ailleurs, l'association de la teinte avec les produits doit être particulièrement inhabituelle. Par exemple, elle ne doit pas être identique à la teinte naturelle du produit, comme le vert clair d'un chewing-gum. L'association d'une nuance de vert avec des produits écologiques ne sera également pas acceptée. Cela a été confirmé par deux arrêts, un rendu par l'Office de l'Union européenne pour la propriété intellectuelle le 18 décembre 1998 et un autre rendu par la Cour d'Appel de Douai le 31 mars 2018.

L'EXPOSITION DES RESTES HUMAINS DANS LES COLLECTIONS PUBLIQUES

Les musées et les universités français possèdent environ 150 000 restes humains de diverses natures dont 7 000 auraient une origine étrangère. Si les universités utilisent ces restes humains (ossements, squelettes complets) pour l'apprentissage de l'anatomie et pour la recherche, les musées les exposent pour leur intérêt historique, artistique ou encore scientifique. Contrairement aux autres objets détenus dans les collections publiques, les restes humains ne sont pas des biens culturels ordinaires.

Ainsi, leur exposition dans les collections publiques doit suivre les recommandations internationales de l'ICOM (I), ne pas violer l'obligation du respect de la dignité humaine (II), et respecter de nouveaux impératifs (III).

I- LES RECOMMANDATIONS INTERNATIONALES DE L'ICOM

Le Conseil international des musées (ICOM) a fixé certaines recommandations dans son Code de déontologie. Adopté à l'unanimité lors de la 15e Assemblée générale de l'ICOM réunie à Buenos Aires le 4 novembre 1986, ce Code prévoit deux dispositions majeures.

Ainsi, il prévoit que « *les collections composées de restes humains ou d'objets sacrés ne seront acquises qu'à condition de pouvoir être conservées en sécurité et traitées avec respect* » (art. 2.5). Par ailleurs, « *Les restes humains et les objets sacrés seront présentés conformément aux normes professionnelles et tiennent compte, lorsqu'ils sont connus, des intérêts et croyances de la communauté, du groupe ethnique ou religieux d'origine, avec le plus grand tact et dans le respect de la dignité humaine de tous les peuples* » (art. 4.3).

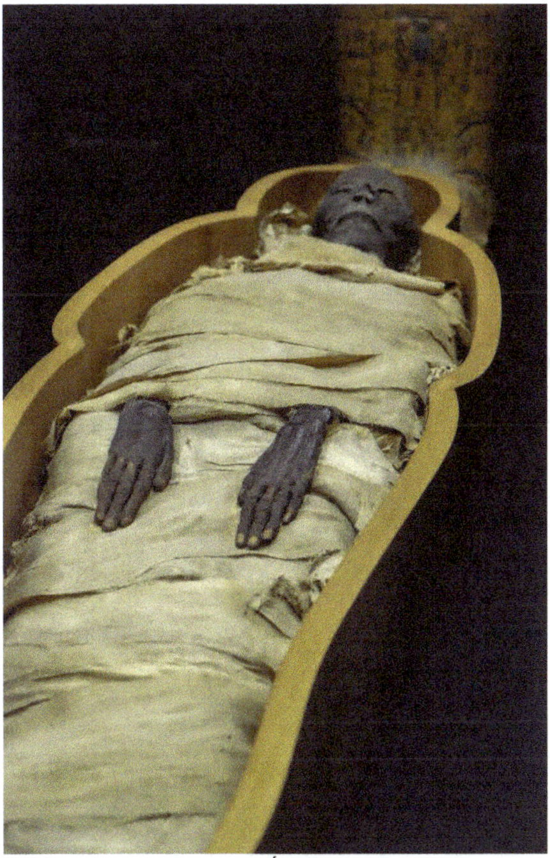
Momie, Musée Grégorien Égyptien, Vatican, Pixabay.

Compte-tenu du caractère sensible de ces pièces, les musées français doivent être particulièrement vigilants à la sécurité de la conservation des restes humains, au respect qui y est attaché (dans leur manipulation par exemple) ainsi qu'aux croyances des peuples d'origine. Bien que dépourvues de force contraignante en droit interne, ces dispositions sont scrupuleusement appliquées par les musées français.

II- L'OBLIGATION LÉGALE DU RESPECT DE LA DIGNITÉ HUMAINE

En sus, l'article 16-1-1 du Code civil « *le respect dû au corps humain ne cesse pas avec la mort. Les restes des personnes décédées, y compris les cendres de celles dont le corps a donné lieu à crémation, doivent être traités avec respect, dignité et décence* ».

Cet impératif de dignité a été au cœur de la demande de restitution des têtes maories. La Nouvelle Zélande avait réclamé la restitution de ces pièces à la commune de Rouen. En l'espèce, il s'agissait de « *têtes momifiées d'ennemis à celles d'esclaves tatouées de force par les maoris* »[77] . Or, ces têtes doivent être inhumées dans le pays d'origine selon la tradition néozélandaise. Le conseil municipal de Rouen avait justifié le retour de ces pièces à leur pays d'origine au nom du respect à la dignité de la personne humaine[78]. En vertu du principe d'inaliénabilité des collections publiques, le déclassement avait nécessité l'adoption d'une loi[79].

III- L'APPARITION DE NOUVEAUX IMPÉRATIFS

De nos jours, la détention et l'exposition de restes humains dans les musées français pose question. À l'occasion de la loi sur

---

[77] GAY (A.), *La restitution des biens culturels à leur pays d'origine - Un débat au carrefour entre le droit, la politique et la morale*, *Université lumière Lyon 2*, 2013, p. 25.

[78] « *Le conseil municipal de Rouen avait ainsi fondé sa décision de rendre la tête maorie conservée dans les collections du musée municipal par le fait, d'une part, que le commerce des têtes tatouées avaient été à l'origine d'actes de barbarie ayant entraîné la mort et, d'autre part, que la restitution rendrait possible l'inhumation de la tête de façon digne et respectueuse des coutumes de son peuple* ». *Cf.* Sénat, Rapport d'information fait au nom de la commission de la culture, de l'éducation et de la communication par la mission d'information sur les restitutions des biens culturels appartenant aux collections publiques, *par BRISSON (M.) et OUZOULIAS (P.)*, 16 décembre 2020, p. 14.

[79] LOI n° 2010-501 du 18 mai 2010 visant à autoriser la restitution par la France des têtes maories à la Nouvelle Zélande et relative à la gestion des collections.

les têtes maories, le législateur avait demandé à la CSNC[80] d'engager un travail sur la restitution des restes humains. La CSNC étant aujourd'hui supprimée, la question est réapparue avec la mission d'information sur les restitutions des biens culturels appartenant aux collections publiques. Dans son rapport d'informations du 16 décembre 2020, la mission sénatoriale préconise de ne plus faire rentrer de restes humains dans les collections publiques françaises.

Concernant la restitution des restes humains, la mission préconise de fixer une limite chronologique. Il serait en effet absurde de rendre par exemple à l'Éthiopie les os de Lucy.

[80] Commission scientifique nationale des collections.

LE MÉCÉNAT ARTISTIQUE

Avec 8 milliards d'euros apportés chaque année, le mécénat représente un enjeu économique, social et culturel majeur. Versés par des entreprises, associations, fondations, administrations, ou encore par des particuliers, les dons contribuent à la préservation à l'enrichissement du patrimoine culturel, au soutien à la création et à l'enseignement artistiques, et au rayonnement culturel de la France.

La loi du 1er août 2003[81] a favorisé la générosité privée au profit d'œuvres et d'organismes reconnus d'intérêt général. Souvent représenté par les fondations artistiques des géants du luxe, le mécénat artistique est pourtant largement financé par les petites entreprises. Distinct du parrainage (*sponsoring*) (I), le mécénat présente certains avantages pour le donateur (II), mais connaît certaines limites (III).

I- LA DISTINCTION ENTRE MÉCÉNAT ET PARRAINAGE / *SPONSORING*

Le mécénat : il n'existe pas de définition juridique du mécénat en raison notamment de la diversité des opérations possibles. Toutefois, le mécénat peut se définir comme étant un soutien matériel ou financier apporté sans contrepartie directe ou indirecte de la part du bénéficiaire à une œuvre ou à une personne morale pour l'exercice d'activités présentant un intérêt général[82]. Autrement dit, cela consiste à faire un don (en numéraire ou en nature) à un organisme d'intérêt général pour la conduite de ses activités sans attendre en retour de contrepartie équivalente. Il peut être exceptionnel ou récurrent. Le mécénat peut prendre

[81] LOI n° 2003-709 du 1er août 2003 relative au mécénat, aux associations et aux fondations.

[82] L'intérêt général s'entend ici comme le « caractère philanthropique, éducatif, scientifique, social, humanitaire, sportif, familial, culturel ou concourant à la mise en valeur d'un patrimoine artistique, à la défense de l'environnement naturel ou à la diffusion de la culture, de la langue ou des connaissances scientifiques françaises ».

trois formes : mécénat financier, mécénat en nature, mécénat de compétence. Le mécénat en nature ou de compétence consiste à apporter non pas une contribution financière, mais des moyens (matériels ou humains).

L'évaluation du mécénat doit suivre deux règles majeures :
- être effectuée par celui qui aide ou qui donne (et non par l'organisme bénéficiaire) ;
- être estimée au regard de la perte d'argent que l'aide représente pour celui qui la fournit. Il n'est donc pas question du manque à gagner du mécène, mais du coût exact supporté par celui-ci au titre du don effectué.

Lorsqu'il est effectué en nature, le mécénat artistique se traduit notamment par la remise d'un objet d'art ou de tout autre objet de collection présentant un intérêt artistique ou historique. Toute opération de mécénat de compétence doit faire l'objet d'une convention préalable. Cette dernière comporte un chiffrage et un calendrier précis des prestations apportées par le mécène.

Le parrainage / sponsoring : le mécénat se distingue du parrainage (ou *sponsoring*) qui désigne un contrat par lequel une entreprise finance une activité culturelle, sportive, artistique ou scientifique en échange d'une promotion et d'une publicité de sa marque. La finalité est commerciale : le versement de l'entreprise correspondant à la rémunération de la prestation rendue par l'organisme. Si le mécénat peut être intéressé (avantages fiscaux), il exclut cependant toute contrepartie publicitaire. Enfin, une entreprise ne peut être reconnue à la fois parraineur et mécène d'un même projet.

II- LES AVANTAGES POUR LE MÉCÈNE

L'organisme bénéficiaire ne doit, en principe, accorder aucune contrepartie au donateur à raison du don effectué. Toutefois, l'octroi de contreparties au mécène est toutefois admis sous certaines conditions.

Contreparties accordées aux particuliers **:** Le bénéfice du mécénat ne se pas remis en cause lorsque la valeur des biens remis par l'organisme présente une disproportion marquée avec le montant du don versé. Ainsi, est autorisé un rapport de 1 à 4 entre la valeur du bien et le montant du don (si celui n'excède pas le montant de 69 €).

Contreparties accordées aux entreprises **:** Les entreprises mécènes assujetties à l'impôt sur le revenu ou à l'impôt sur les sociétés bénéficient d'un avantage fiscal spécifique. La réduction d'impôt correspond à 60 % du montant des sommes versées, retenues dans la limite de 5/1000 du chiffre d'affaires de l'entreprise donatrice ou de 10 000 euros depuis la loi de finances pour 2019[83]. Si cette limite est dépassée au cours d'un exercice, l'excédent de versement peut ouvrir droit à une réduction d'impôt au titre des cinq exercices suivants.

Le bénéfice du mécénat ne sera pas remis en cause s'il existe une disproportion marquée entre les sommes données et la valorisation des contreparties accordées par l'organisme bénéficiaire des dons. Ce dernier doit identifier et valoriser l'intégralité des contreparties matérielles et immatérielles proposées aux mécènes. Si l'organisme est régi par un conseil d'administration, il est recommandé que le barème de la valeur des contreparties soit approuvé préalablement par celui-ci.

• Les contreparties matérielles sont valorisées au prix de vente public du bien ou du service. Lorsque le bien ou le service reçu en contrepartie ne fait pas l'objet d'une offre commerciale de la part de l'organisme bénéficiaire, il doit être valorisé à son coût de revient.

• Les contreparties immatérielles doivent également être valorisées. C'est le cas pour l'apposition sur tout support de communication du logotype, du nom ou de la marque commerciale de l'entreprise mécène ou de sa fondation. La valorisation de ces contreparties ne doit pas dépasser 10 % du

[83] Article 148 de la loi du 28 décembre 2018.

montant du don (5 % si le rayonnement de l'organisme bénéficiaire se situe dans un cadre régional).

Dans le cadre d'une convention pluriannuelle de mécénat, l'organisme bénéficiaire doit être attentif à la cadence des contreparties consommées par le mécène. En outre, ce niveau de consommation doit conserver une cohérence raisonnable avec le montant des dons versés annuellement.

Réserve quant à l'utilisation des contreparties : Contrairement au parrainage, le mécénat n'admet aucune contrepartie publicitaire. Ainsi, une entreprise ne peut pas utiliser les contreparties reçues au titre de son mécénat à des fins de promotion commerciale de son image ou de ses produits. Est ainsi proscrite la mise à disposition gratuite d'espaces pour le lancement de nouvelles collections ou de nouveaux modèles. Toutefois, l'association du nom de l'entreprise aux opérations réalisées par l'organisme bénéficiaire ne remet pas en cause l'intention libérale du mécénat.

III- L'ENCADREMENT SPÉCIFIQUE DU MÉCÉNAT

Obligation déclarative des entreprises - Les entreprises qui effectuent au cours d'un exercice plus de 10 000 € de dons ouvrant droit à réduction d'impôt ont l'obligation de déclarer à l'administration fiscale les informations suivantes :

- le montant et la date de ces dons et versements ;
- l'identité des bénéficiaires ;
- la valeur des biens et services octroyés en contrepartie.

La valeur des biens et services à déclarer par l'entreprise versante reprend celle mentionnée dans la convention de mécénat. Il s'agit des contreparties octroyées et non des contreparties consommées. Toutefois, l'entreprise mécène n'est pas tenue de déclarer les contreparties rétrocédées à des organismes éligibles au mécénat.

Concernant les conventions de mécénat pluriannuelles, les entreprises mécènes ont l'obligation de déclarer tous les ans une part égale de la valeur globale des contreparties octroyées (définies dans la convention de mécénat). Ainsi, dans le cadre d'une convention triennale, l'entreprise devra déclarer un tiers des dons chaque année.

Relations entre mécénat et agents publics - Conformément aux statuts de la fonction publique, les agents publics (titulaires comme contractuels) sont notamment tenus aux obligations de discrétion, de probité et de neutralité. Dans le cadre du mécénat, l'organisme bénéficiaire doit être vigilant à ce que les agents publics n'entretiennent aucun rapport avec les mécènes susceptible de les conduire à violer ces obligations.

De fait, les agents de l'organisme bénéficiaire ont l'interdiction d'accepter d'un mécène des cadeaux ou libéralités ayant pour finalité :

- de favoriser leurs relations avec l'organisme bénéficiaire ;
- ou pour les agents d'en tirer un avantage ou un profit personnel.

Cependant, l'organisme bénéficiaire peut facturer à son partenaire les heures supplémentaires dues à ses personnels relatifs à l'organisation et au déroulement de manifestations prévues par la convention de mécénat. Ces prestations ainsi que les frais techniques liés à l'organisation de ces dernières doivent faire l'objet de conventions spécifiques.

Les personnels concernés peuvent être mobilisés uniquement sur la base du volontariat et ne peuvent être forcés de participer à un événement de relations publiques organisé par un mécène.

LE JEU VIDÉO : UN BIEN CULTUREL ORDINAIRE ?

Première industrie culturelle en France devant la musique et le cinéma, le jeu vidéo n'est plus un simple loisir et a su s'imposer dans la culture populaire. Avec 2,7 milliards de joueurs à travers le monde, la commercialisation de ce type de ce bien culturel est très encadrée (I). Les évolutions notamment technologiques des jeux vidéo vont conduire à une densification de réglementation (II).

I- LA RÉGLEMENTATION DU JEU VIDEO EN FRANCE

En France, le jeu vidéo connaît une réglementation particulière qui répond à un double objectif : l'information des consommateurs sur les risques liés à l'utilisation des jeux vidéo (A) et la régulation du contenu des jeux vidéo en vue de protéger les mineurs (B).

A- L'INFORMATION DES CONSOMMATEURS

La première réglementation est issue du décret du 23 avril 1996 relatif aux mises en garde concernant les jeux vidéo. Aux termes de ce décret, une notice placée dans la boîte contenant un jeu vidéo ou une console de jeux vidéo doit reproduire le texte de mise en garde suivant :
I– Précautions à prendre dans tous les cas pour l'utilisation d'un jeu vidéo ;
II– Avertissement sur l'épilepsie.

B- LA PROTECTION DES MINEURS

La seconde réglementation encadre la protection des mineurs exposés aux contenus des jeux vidéo.

La classification PEGI - En 2003, un système de classification par catégorie d'âge (dénommé PEGI) a été adopté par l'industrie européenne des jeux vidéo. Cette obligation a été intégrée dans le droit français par l'article 32 de la loi du 17 juin 1998 relative à la prévention et à la répression des infractions sexuelles, ainsi qu'à la protection des mineurs. Cette classification PEGI a pour objet de prévenir l'exposition des mineurs à des jeux inadaptés à leur tranche d'âge.

Lorsqu'un jeu vidéo peut présenter un risque pour la jeunesse (crime, violence, l'incitation à l'usage, à la détention ou au trafic de stupéfiants entre autres) :

- son support doit faire l'objet d'une signalétique destinée à en limiter la mise à disposition à certaines catégories de mineurs, en fonction de leur âge, et préciser le risque contenu dans le jeu vidéo ;
- l'article prévoit également l'homologation des caractéristiques de la signalétique par l'autorité administrative.

Sanctions - Si le non-respect des obligations prévues à l'article précité n'est assorti d'aucune sanction pénale, l'article 33 de la loi n° 98-468 du 17 juin 1998 habilite l'autorité administrative (en l'espèce le ministère de l'Intérieur), à interdire :

- de proposer, de donner, de louer ou de vendre à des mineurs les jeux vidéo présentant un risque pour la jeunesse en raison de la place faite au crime, à la violence, à l'incitation à l'usage, à la détention ou au trafic de stupéfiants, à l'incitation à la consommation excessive d'alcool, ainsi qu'à la discrimination ou à la haine contre une personne ou un groupe de personnes ;

- d'exposer ces jeux vidéo à la vue du public, en quelque lieu que ce soit. Toutefois, l'exposition demeure possible dans les lieux dont l'accès est interdit aux mineurs ;

- de faire, en faveur de ces jeux vidéo, de la publicité par quelque moyen que ce soit. La publicité demeure possible dans les lieux dont l'accès est interdit aux mineurs.

Interdiction des jeux vidéo à caractère pornographique - Le support de tout jeu vidéo présentant un danger pour la jeunesse en raison de son caractère pornographique doit comporter de façon visible, lisible et inaltérable la mention « mise à disposition des mineurs interdite » (Code pénal, art. 227-24). Cette mention emporte l'interdiction de proposer, donner, louer ou vendre le produit en cause aux mineurs. La violation d'une des interdictions précitées est punie d'un an d'emprisonnement et d'une amende de 15 000 euros.

II- VERS UNE DENSIFICATION DE LA RÉGLEMENTATION DU JEU VIDEO

Le jeu vidéo est le premier bien culturel au monde. Pourtant, il souffre toujours d'un manque de considération des professionnels du droit et de l'art (comme c'était le cas de l'art numérique) en raison du fait qu'il soit également une industrie et un sport (*e-sport*). Certains jeux vidéo sont reconnus comme étant des biens culturels et artistiques à part entière.

La reconnaissance artistique du jeu vidéo - Le jeu vidéo est devenu un terreau de création majeur. Certains se démarquent avec des graphismes hyperréalistes et des décors de grande qualité. Les créations *Final Fantasy XV* et *Assassin's Creed Rogue* peuvent être qualifiés d'œuvres d'art. Vivier d'inspiration pour les réalisateurs de films et de séries, certaines adaptations de jeux vidéo ont été largement récompensées par la critique à l'image des séries *The Witcher* ou encore *Arcane* (adaptation en série du jeu *League of Legends*).

The Last of Us, 2022, Pixabay.

Aux États-Unis, la Cour suprême reconnaît officiellement les jeux vidéo comme un art depuis 2011. En France, le ministère de la Culture reconnaît les jeux vidéo comme une forme d'expression artistique depuis 2006. Désigné comme le 10ème art, le jeu vidéo est aujourd'hui reconnu comme un véritable bien culturel.

La reconnaissance du jeu vidéo comme un véritable bien culturel - Longtemps considéré comme une addiction et un bien culturel de seconde zone par la classe politique et médiatique, le jeu vidéo connaît un regain d'intérêt pour la culture et la jeunesse : jeux ludo-éducatifs, travail d'équipe, capacité à lever des fonds lors d'événements caritatifs. En 2021, le Président Emmanuel Macron avait d'ailleurs félicité les « streamers » du ZEvent[84] qui avaient récolté plus de 10 millions d'euros pour une association. De nombreuses personnalités politiques (toutes sensibilités confondues) ont assisté aux salons du jeu vidéo à l'instar de la Paris Games Week 2016[85].

---

[84] Le ZEvent est un événement créé en 2016 qui réunit des *streameurs* francophones afin de récolter des dons pour soutenir des associations caritatives.

[85] Arnaud Montebourg, Nicolas Dupont-Aignan et d'autres personnalités avaient participé à la 7e édition du principal salon français consacré aux jeux vidéo.

Plus qu'un outil de communication politique, l'attrait pour le jeu vidéo s'est accompagné par de nombreuses mesures concrètes. D'anciennes friches industrielles ont été réhabilitées pour devenir des incubateurs d'artistes numériques[86]. En sus, le Gouvernement a accéléré l'accompagnement des *start-up* françaises dans le numérique. L'entreprise *Voodoo* (éditeur de jeux vidéo français) fait ainsi partie des « licornes » cofinancées par l'État.

Lancé en 2021 par le Gouvernement, le Pass culture a permis aux jeunes de faciliter l'accès des de 15 à 18 ans à la culture. En 2019, le ministre de la culture Franck Riester avait confirmé sur son compte twitter que « *les jeux vidéo figurent bien dans l'offre du Pass culture* ».

Vers une réglementation du metavers - Souvent présenté comme un jeu vidéo immersif, le metavers est l'avenir d'Internet et plus généralement un nouveau mode de vie, d'échanges commerciaux, et de relations de travail. Cette révolution culturelle s'accompagnera nécessairement d'une révolution juridique. Afin de s'adapter à ces nouveaux usages, le législateur devra adapter la réglementation notamment en droit de la propriété intellectuelle, en droit du travail et en droit pénal.

---

[86] À l'instar de la Plaine Images à Tourcoing ou de La Condition Publique à Roubaix.

LA CIRCULATION DES TRÉSORS NATIONAUX DANS L'UNION EUROPÉENNE

Avec la libre de circulation des services, des personnes et des capitaux, la libre circulation des marchandises est l'une des quatre libertés fondamentales du marché unique de l'Union européenne. Ce principe interdit la présence de mesures d'effet équivalent aux restrictions quantitatives[87], l'application de droits de douane et de taxes d'effet équivalent[88] ainsi que des mesures intérieures discriminatoires[89].

L'article 36 du TFUE[90] permet aux États-membres de déroger au principe de libre circulation des marchandises pour 5 motifs : la moralité publique, l'ordre public et la sécurité publique, la santé et la vie des personnes, la santé des animaux et la protection des végétaux, et surtout la protection des trésors nationaux ayant une valeur artistique, historique ou archéologique.

Il appartient aux États-membres de déterminer quels sont les biens relevant la catégorie des trésors nationaux et de prendre les mesures nécessaires pour en assurer la protection dans le marché intérieur[91]. Toutefois, l'exception est d'interprétation stricte. En effet, la Cour considère que la protection de la « *diversité culturelle en général* » ne relève pas de la protection des trésors nationaux au sens de l'article 36 TFUE[92]. Bien que la directive relative à la restitution de biens culturels ayant quitté illicitement le territoire d'un État membre[93] incombe aux États

---

87 Articles 34 et 35 TFUE.

88 Article 30 TFUE.

89 Article 110 TFUE.

90 Traité sur le fonctionnement de l'Union européenne.

91 Directive 2014/60/UE du Parlement européen et du Conseil du 15 mai 2014 relative à la restitution de biens culturels ayant quitté illicitement le territoire d'un État membre et modifiant le règlement (UE) n° 1024/2012, accessible sur *stradalex.eu.*

92 CJCE, 30 avril 2009, *Fachverband der Buch/und Medienwirtschaft c/ Libro Handelsgesellschaft mbH*, aff C-351/07, pt 32.

93 Directive 2014/60/UE du Parlement européen et du Conseil du 15 mai 2014, *op. cit.*

membres de définir leurs trésors nationaux, elle tente de définir les biens relevant de cette catégorie. Sont susceptibles de constituer des trésors nationaux :

- des biens figurant sur les inventaires des musées, des archives et des fonds de conservation des bibliothèques ;
- des tableaux, des peintures et des sculptures ;
- des livres ;
- des moyens de transport ;
- des archives.

L'annexe de la directive a également fixé des éléments permettant de savoir si un bien constitue un « trésor national ». Il ne s'agit pas de critères à proprement parler, cela se rapproche de la technique du « faisceau d'indices »[94]. Parmi ces éléments, on s'attache principalement à la propriété, à l'âge, et à la valeur de l'objet.

Par ailleurs, d'autres éléments peuvent être utilisés tels qu'une « *évaluation de nature contextuelle* » qui prend en considération le patrimoine de l'État membre concerné. Ainsi, cette annexe n'a pas pour objet de définir les biens relevant de la catégorie des « trésors nationaux », mais d'aider les États membres à connaître les biens susceptibles de faire partie de cette catégorie.

Qu'est-ce qu'un trésor national pour le droit français ?

La loi de 1992[95] dispose que : les trésors nationaux sont des biens ayant « *un intérêt majeur pour le patrimoine national au point de vue de l'histoire, de l'art ou de l'archéologie* ». Une œuvre d'art est classée « trésor national » quand l'État veut empêcher qu'elle quitte le territoire français. Par exemple, sont considérés comme des trésors nationaux : la toile *La Fuite en*

---

[94] Méthode permettant en l'absence de critères matériels, de qualifier juridiquement un bien ou un service par un ensemble d'éléments concordants.

[95] LOI n° 92-1477 du 31 décembre 1992 relative aux produits soumis à certaines restrictions de circulation et à la complémentarité entre les services de police, de gendarmerie et de douane.

Egypte de Nicolas Poussin ou encore un bureau ayant appartenu à Napoléon.

Un « trésor national » doit-il être forcément français ? Non, ce qui compte est la valeur de l'œuvre et non son origine. Ainsi, un Papyrus médical datant du Nouvel Empire (XVIIIème, Egypte) est « national » dans la mesure où l'œuvre a sa localisation sur le sol français.

Comment une œuvre devient-elle « trésor national » ?

Lorsque le propriétaire d'une œuvre d'art souhaite la vendre à l'étranger, il doit demander un certificat d'export. Ce certificat est obligatoire pour toutes les peintures de plus de 150.000 euros et de plus de 50 ans. La demande d'export est ensuite étudiée par des professionnels du patrimoine. S'ils estiment que l'œuvre ne doit pas quitter le territoire en raison de son importance, ils saisissent la Commission consultative.

Cette commission (formée majoritairement de membres du ministère de la Culture) examine le dossier et rend un avis (consultatif). Sur la base de celui-ci, le ministère de la Culture prend la décision finale. Si l'État estime que l'œuvre est trop importante, il refuse de donner un certificat d'export au propriétaire. A partir du moment où le certificat est refusé, l'État a 30 mois pour faire une offre d'achat. Si le propriétaire refuse, des experts contradictoires évaluent l'œuvre. S'ils estiment que l'offre de l'État est suffisante et que le propriétaire refuse toujours, l'État peut renouveler indéfiniment le refus d'export.

A contrario, si les experts tombent d'accord sur un prix et que l'État ne peut pas payer, le certificat est accordé. Pour trouver des fonds, l'État propose une récompense fiscale aux entreprises mécènes. En effet, les dons sur ce type de bien sont déduits des impôts à hauteur de 90 %. Le Louvre et la bibliothèque nationale de France (BNF) ont déjà lancé des appels aux dons pour acquérir un « trésor national ». Par ce biais, le musée du Louvre a pu acquérir en 2013 un diptyque byzantin en ivoire datant du XIIIème siècle.

LE MARCHÉ DES NFT

Ces dernières années, le NFT a su s'imposer sur le marché de l'art comme un produit innovant. Dépourvu d'un cadre juridique spécifique, le NFT est un produit spéculatif très contesté.

NFT est l'acronyme de *non-fungible token* (jeton non fongible). Que cela signifie-t-il ?

- ***Jeton*** : il s'agit d'un fichier numérique (image, photo, animation, vidéo, ou morceau de musique) qui bénéficie d'un sceau d'authenticité virtuel. Ce « sceau » est une suite de chiffres qui correspond à son inscription dans la *blockchain* [96] - la technologie qui sert de base aux cryptomonnaies comme le *bitcoin*.

- ***Non fongible*** : Un bien fongible désigne un bien qui se consomme par l'usage et peut être remplacé par une chose analogue (à l'instar de denrées ou d'argent comptant). Si un *bitcoin* est interchangeable avec un autre *bitcoin*, ce n'est pas le cas du NFT qui n'est pas fongible. Même si vous le vendez, il demeura unique et ne fera que changer de propriétaire.

Comment fonctionne le marché des NFT ?

Chaque NFT a un propriétaire propre identifié par à une signature électronique. En cas de vente, la transaction est publique et écrite dans un grand fichier commun (la *blockchain*). Le marché des NFT a explosé en 2021 avec l' « achat du premier tweet de l'Histoire » pour 2,9 millions de dollars. En réalité, l'acheteur n'est pas propriétaire du premier tweet mais de l'image authentifiée du premier tweet.

---

[96] La *blockchain* désigne un registre public virtuel qui est maintenu par des millions d'ordinateurs de manière décentralisée. Ce registre est sécurisé par un système cryptographique de validation à chaque transaction.

Par la suite, la vente de l'œuvre numérique « *Everydays : The First 5000 Days* » de *Beeple* avait reçu un grand écho médiatique : vendu chez *Christie's* pour 69,3 millions de dollars. Véritable bulle spéculative, de plus en plus d'artistes s'emparent de cette technologie pour proposer à la vente des œuvres digitales, ouvrant aux collectionneurs la possibilité de collectionner des œuvres d'art numérique exclusives, certifiées et dont on connaît le pedigree.

Concrètement, le propriétaire d'un NFT dispose d'un portefeuille numérique dans lequel sont stockés les certificats numériques qu'il a achetés (art, musique, design, jeux vidéo, mode entre autres). En 2021, le marché du crypto art représentait 9 % du volume global des NFT (soit environ 3 milliards en 2021).

Singe, Sayyid96, 2022, Indonésie, Pixabay.

Vers une évolution du statut du NFT ?

Contrairement à une peinture ou à une sculpture, le NFT est un bien incorporel. Dépourvu de cadre juridique propre, il bénéficie du même régime que les cryptomonnaies. Il faut noter que les NFT n'est pas à l'origine de l'art numérique qui existe depuis les années 1970. Toutefois, les œuvres n'arrivaient pas à s'imposer sur le marché du fait de la possibilité de copier-coller.

L'apport des NFT est d'avoir rendu chaque œuvre unique grâce à la *blockchain*.

Comme tout produit spéculatif, le marché des NFT repose principalement sur la confiance des investisseurs[97], d'où la nécessité d'encadrer davantage leur régime.

- Lors de création du NFT : il faut s'assurer de l'identité de l'artiste.
- Lors de la commercialisation : il est important de contrôler davantage les plateformes de ventes et de les diversifier (permettant ainsi d'éviter les monopôles et par la même occasion d'encourager la création artistique).
- Lors de la circulation du NFT, il y a un manque de moyens humains et techniques pour détecter les faux et les contrefaçons.

Enfin, de nombreux utilisateurs achètent leurs NFT sur le Metavers (monde virtuel). Il s'agira pour le législateur d'adapter les règles de vente à ces nouveaux enjeux.

---

[97] En un an, les transactions des NFT ont dépassé 1,5 milliard de dollars (le moins cher d'entre eux s'achète 250.000 dollars). Toutefois, ces produits sont très volatiles à l'instar des *Bored Aped*. Acheté en 2021 par Justin Bieber, le *Bored Aped #3001* est passé de 1,3 million à 66 000 dollars (soit une perte de 95 % de sa valeur). Source : www.bfmtv.com, 06/07/2023.

LA POLICE DU 7ème ART

Considéré comme un « pouvoir de police spécial » du ministre de la culture, la police du cinéma encadre la projection des films. Soumis à une autorisation administrative préalable, ce régime est encadré par le Code du cinéma et de l'image animée (art. L. 211-1 et R. 211-12). Ainsi, la projection d'un film est soumise à la délivrance d'un certificat d'exploitation par le ministère de la Culture.

Les acteurs de la police du cinéma - Les principaux acteurs de cette police administrative sont le ministre de la Culture, la commission de classification des œuvres cinématographiques, l'Association Promouvoir et l'Autorité de régulation de la communication audiovisuelle et numérique (Arcom)[98].

- *Le ministre de la Culture* : la projection d'un film est soumise à la délivrance d'un certificat (ou visa) d'exploitation par le ministère de la Culture.

- *La commission de classification des œuvres cinématographiques* : pour prendre sa décision, le ministre s'appuie sur l'avis de la commission de classification. Instituée au sein du Centre national du cinéma et de l'image animée, cette commission est saisie au préalable pour avis.

- *L'association Promouvoir* : Créée en 1996, cette association a notamment pour objectif de lutter contre la violence et la pornographie dans le cinéma. Dans ce domaine, l'association *Promouvoir* est à l'origine de la quasi-totalité des recours en justice. Elle a par exemple attaqué les visas d'exploitations des films : *Antichrist*, *La Vie d'Adèle* (chapitres 1 et 2), *Cinquante nuances de Grey*, *Cinquante nuances plus claires*, *Sausage Party* ou encore *Les Huit Salopards*. Son action commence en

[98] Anciennement le Conseil supérieur de l'audiovisuel (CSA).

2000 contre le film *Baise-moi* interdit initialement aux moins de 16 ans. Le Conseil d'État donne raison à l'association en retirant le film des salles après seulement deux jours de diffusion[99].

Cette jurisprudence est à l'origine de la recréation de la catégorie « Interdit aux moins de 18 ans non classé X » entre les catégories « Interdit aux moins de 16 » et « Interdit aux moins de 18 ans classé X ». L'affaire se terminera en 2002, le Conseil d'État concluant que la délivrance d'un certificat d'exploitation à un film pornographique assortie d'une interdiction aux mineurs de 18 ans ne porte pas atteinte au principe de dignité de la personne humaine[100].

- *L'Autorité de régulation de la communication audiovisuelle et numérique :* L'Arcom peut imposer aux chaînes de télévision de renforcer les classifications ministérielles et d'exclure de la diffusion en première partie de soirée les films « déconseillés aux moins de 12 ans ».

Quel avenir pour la police du cinéma ?

Espace d'expression artistique et de liberté, le cinéma n'échappe toutefois pas à la réglementation. Cela étant, l'évolution des mentalités conduit naturellement à une évolution de la réglementation. Ainsi, en 1959, un maire pouvait faire annuler la diffusion d'un film pourtant autorisé par le ministre de la Culture au motif d'un risque d'une atteinte à la moralité publique et plus largement à l'ordre public [101]. Dans les années 2000, l'Association Promouvoir a contribué, par son action judiciaire, à renforcer la classification des films à caractère pornographique (ou non). Conscient que le classement automatique « interdit aux moins de 18 ans » à des films présentant des scènes de sexe

[99] CE, Section, 30 juin 2000, *Association Promouvoir*.
[100] CE, SSR, 14 juin 2002, *Association Promouvoir*.
[101] CE, 18 décembre 1959, *Société Les Films Lutétia*.

n'était pas forcément justifié et nuisait à la création artistique, le gouvernement a assoupli la réglementation[102].

[102] Décret n° 2017-150 du 8 février 2017 relatif au visa d'exploitation cinématographique.

STREET ART : LIBERTÉ D'EXPRESSION ARTISTIQUE OU DÉGRADATION DE L'ESPACE URBAIN ?

Né dans les années 1960 dans les rues de Philadelphie et New-York, l'art urbain ou « *street art* » connaît une grande popularité dans les années 1990. Considéré comme un mode d'expression libre, sa licéité est encore aujourd'hui contestée.

À l'origine, le *street art* est explicitement illégal[103] : il s'agit d'un mode d'expression contestataire visant à s'exprimer dans tous les lieux publics sans aucune limite : rue, toilettes publiques, rames de métro, mobilier urbain... Le graffiti désigne une peinture, une inscription sur un support, le plus souvent mural. Il se distingue du tag qui est une signature de son auteur, marquant une territorialité et une identité. Quant à la fresque, elle désigne une illustration murale, parfois très travaillée.

Démocratisé dans le monde entier, le *street art* devient un mouvement artistique qui connaît un grand succès dans les années 1990. La rue devient le nouveau support d'artistes de renom comme Banksy, Keith Haring ou encore Jean-Michel Basquiat. Concernant les artistes français, Ernest pignon Ernest ou encore JR font connaître leurs créations dans le monde entier. Toutefois, le caractère artistique d'une pratique ne peut justifier son caractère légal. Le *street art* étant par essence transgressif, la construction d'une réponse pénale adaptée n'est donc pas une chose aisée.

Pour rappel, l'infraction générale de destruction, dégradation ou détérioration de bien appartenant est prévue à l'article 322-1 alinéa 1 du Code pénal. Elle a vocation à s'appliquer lorsque le résultat consiste en un dommage qui n'est pas considéré comme léger. En effet, si le dommage est léger, il sera fait application de l'article R.635-1 du Code pénal qui sanctionne ce comportement de l'amende prévue pour les contraventions de 5ème classe.

---

[103] Certains graffitis servent même à marquer le territoire d'un gang.

Afin de s'adapter à ces nouvelles pratiques, le législateur est intervenu en 2002 [104]. Désormais, le Code pénal sanctionne spécifiquement les graffitis dans le cas où le dommage produit est léger. Ainsi : « *Le fait de tracer des inscriptions, des signes ou des dessins, sans autorisation préalable, sur les façades, les véhicules, les voies publiques ou le mobilier urbain est puni de 3 750 euros d'amende et d'une peine de travail d'intérêt général lorsqu'il n'en est résulté qu'un dommage léger* » (Code pénal, art. 322-1 al. 2).

Les actes visés[105] sont classés par ordre de gravité décroissante. La « dégradation » qualifie l'acte sur un bien qui le rend inapte à sa fonction et par voie de conséquence diminue la valeur du bien ou son utilité pour le propriétaire. Le terme de « destruction » s'entend d'un bien tellement endommagé qu'il n'existe plus en tant que tel.

Le législateur a également donné une définition juridique au graffiti[106]. Il s'agit d'un acte consistant à tracer des inscriptions, signes et dessins. Ces éléments sont interprétés dans un sens large : les dessins au sens strict sont visés, de même que l'utilisation de bombes aérosols ou de pochoirs.

---

[104] LOI n° 2002-1138 du 9 septembre 2002 d'orientation et de programmation pour la justice.
[105] Sur le fondement de l'article 322-1 du Code pénal.
[106] Code pénal, art. 322-1 al. 2.

Taxi Balloons, Rogue-One, 2013, Glasgow, Pixabay.

La sanction varie en fonction de la gravité du graffiti. S'il est léger, la qualification pénale sera fondée sur l'article 322-1 alinéa 2 du Code pénal. Un graffiti est considéré comme « léger » lorsque le dessin peut être nettoyé et lorsque la substance du support n'est pas altérée.

À défaut[107], le dommage relèvera de l'infraction de droit commun prévue à l'article R.635-1 du Code pénal. En effet, le graffiti sera considéré comme un mode de vandalisme et de rébellion sur un support pour lequel le propriétaire n'a pas donné d'autorisation. Ainsi, beaucoup d'œuvres de *street* artistes ont eu des procès pour leurs graffitis.

L'affaire dite de Versailles est sans doute la plus grande saga judiciaire en matière de graffitis. En l'espèce, 56 tagueurs avaient été inquiétés pour leurs graffitis réalisés entre 1997 et 2001 sur des rames de métro de la RATP et les wagons de la SNCF. Cette affaire s'est conclue avec l'arrêt de la Cour d'appel de Versailles du 25 mai 2012.

[107] Hypothèse dans laquelle le dessin est indélébile et ne peut être enlevé sans altérer la substance du support.

Sur le plan pénal, l'infraction de « dommage léger » avait été retenue en 2009. La circonstance aggravante de dégradation en réunion avait été abandonnée.

Connu pour ses peintures de chats jaunes souriants, l'artiste *Monsieur Chat* avait également été condamné pour avoir dégradé la Gare du Nord en septembre 2015. Pour ses chats inscrits sur la palissade en travaux de la gare, le Parquet avait requis 3 mois fermes d'emprisonnement (au motif de la récidive des dégradations commises par l'artiste à la SNCF). Finalement, l'artiste a été condamné à 500 euros d'amende pour ses dégradations[108].

Figure importante du *street art* actuel, l'artiste **Azyle** s'est fait connaître en taguant régulièrement le métro parisien. Pour ses graffitis exécutés entre 2004 et 2007, l'artiste s'était défendu en invoquant la protection de ses tags au titre du droit d'auteur ainsi que la liberté d'expression. Toutefois, la Cour de cassation[109] l'a condamné en 2016 à 8 mois d'emprisonnement avec sursis et mise à l'épreuve pour dégradations aggravées[110].

Par cette condamnation, le juge a ainsi estimé que la liberté artistique ne prime pas sur les dégradations volontaires de l'espace urbain. Outre la qualification de la gravité de la dégradation, rappelons que le Code pénal considère comme un délit la « simple » inscription à caractère discriminatoire (art. 33). Cela peut aller d'un tag appelant à la haine envers la police ou encore d'une croix gammée.

Bien que le législateur ait créé de nouvelles infractions, l'arsenal juridique demeure inadapté au *street art*. À la quantité de graffitis commis sans autorisation et à la difficulté d'identifier les auteurs (créations éphémères), s'ajoute la difficulté d'encadrer une expression artistique par nature illicite.

---

[108] T. corr. de Paris, 13 octobre 2016, *M. Chat*.
[109] C. cass. crim., 11 juillet 2017 confirmant l'arrêt CA de Paris, 4 mai 2016.
[110] En application de l'article 322-1 du Code pénal.

Questionnaire à choix multiples (QCM)

1- Constituent des droits culturels :

a- le droit d'aller à un concert ;
b- le droit à l'enseignement ;
c- la liberté de religion ;
d- l'accès à la connaissance scientifique.

2- En France, les musées :

a- doivent suivre les recommandations de l'ICOM ;
b- sont contrôlés par les DRAC ;
c- sont majoritairement gérés par les collectivités territoriales ;
d- sont exemptés des règles relatives aux ERP (établissements recevant du public).

3- Pour profiter du dispositif de la dation en paiement, l'intéressé doit proposer d'acquitter une somme (au titre de chaque imposition considérée) :

a- inférieure à 5 000 € ;
b- inférieure à 10 000 € ;
c- au moins égale à 5 000 € ;
d- au moins égale à 10 000 €.

4- Les grottes ornées font l'objet d'une protection juridique au titre :

a- du Code du patrimoine ;
b- du Code minier ;
c- de la Convention de l'UNESCO concernant la protection du patrimoine mondial culturel et naturel ;
d- de la loi Martel du 15 février 1902.

5- Le plagiat en musique :

a- est forcément répréhensible ;
b- est difficile à faire reconnaître devant les tribunaux ;
c- est surreprésenté dans la musique pop et le rap américain ;
d- peut être reconnu par la mélodie, l'harmonie ou encore par le rythme de celle-ci.

6- Qu'est-ce qui est vrai ?

a- Les églises construites avant 1905 sont pour leur grande majorité la propriété des communes ;

b- Les églises construites après 1905 sont la propriété de l'Eglise catholique (organisée en associations diocésaines) ;

c- Il est possible pour une commune de démolir ou de vendre un édifice cultuel en procédant à sa désaffectation ;

d- À l'exception des monuments historiques, la loi ne prévoit aucune obligation spécifique pour les collectivités territoriales en matière d'entretien des édifices cultuels.

7- L'obligation de décoration des constructions publiques :

a- contraint les administrations publiques à réserver la somme de 1 % du montant des travaux pour l'acquisition d'une ou plusieurs œuvres d'art ;

b- permet à tous les artistes professionnels d'être éligibles au dispositif, sans condition de nationalité ;

c- contraint les administrations publiques à constituer un conseil artistique pour les achats supérieurs ou égaux à 30.000 € HT ;

d- contraint les administrations publiques à constituer un conseil artistique pour les achats supérieurs à 60.000 € HT.

8- Qu'est-ce qui est encore vrai aujourd'hui concernant les FRAC ?

a- Leur financement est paritaire (50 % région 50 % l'État);

b- Leur statut est associatif ;

c- Ils jouissent d'une certaine liberté d'administration dans l'acquisition des œuvres ;

d- Ils permettent de promouvoir les artistes contemporains et participent au rayonnement culturel de la France à l'étranger.

9- Quelles sont les conditions pour devenir propriétaire d'un trésor ?

a- La chose doit être cachée ou enfouie ;
b- Personne ne peut justifier sa propriété ;
c- La découverte doit être de faible valeur ;
d- La découverte doit être le pur effet du hasard.

10- Une personne qui porte volontairement atteinte à une création artistique encourt une peine de :

a- 4 ans d'emprisonnement et 10.000 € d'amende ;
b- 5 ans d'emprisonnement et 100.000 € d'amende ;
c- 6 ans d'emprisonnement et 10.000 € d'amende ;
d- 7 ans d'emprisonnement et 100.000 € d'amende.

11- Le droit d'accès aux archives publiques :

a- a été reconnu constitutionnel en 1789 ;
b- a été reconnu constitutionnel en 2017 ;
c- a été simplifié en 1979 ;
d- a été simplifié en 2008.

12- Quelle est la raison principale de la censure de l'art nu sur les réseaux sociaux ?

a- La prévention ;
b- Les algorithmes de modération ;
c- Les droits d'auteur ;
d- Le droit à l'image.

13- Qu'est-ce qui est vrai ?

a- Il est possible de protéger juridiquement une couleur à titre de marque ;
b- Yves Klein a breveté la couleur bleu (IKB) ;
c- La classification Pantone permet d'identifier la couleur ;
d- La jurisprudence européenne a réduit la possibilité de protéger juridiquement une couleur.

14- L'exposition des restes humains dans les musées est :

a- autorisée en principe sauf exceptions ;
b- interdite en principe sauf exceptions ;
c- autorisée avec certaines recommandations ;

d- complétement illégale depuis l'affaire des têtes maories.

15- À la différence du mécénat, le parrainage :

a- autorise les contreparties matérielles et immatérielles ;
b- autorise les contreparties publicitaires ;
c- exclut les avantages fiscaux ;
d- n'a pas de valeur contractuelle.

16- Le jeu vidéo :

a- est considéré comme un bien commercial ;
b- est considéré comme un bien culturel ;
c- a vu sa réglementation s'assouplir ces dernières années ;
d- va voir sa réglementation renforcée dans les années à venir.

17- Quels sont les intérêts de qualifier un bien de « trésor national » ?

a- Empêcher que le bien quitte le territoire français ;
b- Enrichir les collections publiques françaises ;
c- Interdire sa vente ;
d- Reconnaître la grande valeur patrimoniale du bien.

18- Qu'est-ce qui est faux concernant le marché des NFT ?

a- Le marché a explosé en 2021 avec l' « achat du premier tweet de l'Histoire » ;
b- En cas de vente, le NFT demeura unique et ne fera que changer de propriétaire ;
c- Il est encadré par le même régime juridique que les cryptomonnaies ;
d- Les transactions sont privées.

19- Le principal acteur de la jurisprudence en matière de visas d'exploitation de films est :

a- l'association Promouvoir ;
b- le CSA ;
c- l'association Lutétia ;
d- l'ARCOM.

20- Le graffiti :

a- est à l'origine explicitement illégal ;
b- est au cœur de l'affaire dite de Versailles de 2012 ;
c- peut être considéré comme « léger » lorsque le dessin peut être nettoyé et lorsque la substance du support n'est pas altérée ;
d- a une définition légale.

Réponses : 1abcd ; 2abc ; 3d ; 4c ; 5bcd ; 6abcd ; 7abc ; 8cd ; 9abd ; 10d ; 11bd ; 12b ; 13acd ; 14c ; 15b ; 16abd ; 17abcd ; 18d ; 19a ; 20abcd.

Sources et bibliographie indicative

I- Ouvrages et articles

BEAUREGARD BERTHIER (O.-D), *Droit administratif des biens*, *Gualino*, 9ème éd., Paris, 2013, 255 pp.

BIGLIONE (F.), « Domanialité publique et protection des biens culturels », *Legicom*, n° 36, 2006, pp. 65-74.

CORNU (M.), MALLET-POUJOL (N.), *Droit, œuvres d'art et musées, Protection et valorisation des collections*, coll. *CNRS Droit*, *CNRS*, 2006, 601 pp.

GAY (A.), *La restitution des biens culturels à leur pays d'origine - Un débat au carrefour entre le droit, la politique et la morale*, *Université lumière Lyon 2*, 2013, 67 pp.

MEYER-BISCH (P.), « Les droits culturels, Enfin sur le devant de la scène ? », *L'Observatoire*, n° 33, 2008, pp. 9-13.

II- Rapports et études

Inspection Générale des Affaires Culturelles, « Mission prospective sur les fonds régionaux d'art contemporain (FRAC) », septembre 2021, 167 pp.

Sénat, Rapport d'information fait au nom de la commission de la culture, de l'éducation et de la communication par la mission d'information sur les restitutions des biens culturels appartenant aux collections publiques, *par BRISSON (M.) et OUZOULIAS (P.)*, 16 décembre 2020, 52 pp.

Sénat, Rapport d'information fait au nom de la délégation aux collectivités territoriales et à la décentralisation sur le financement des lieux de culte, *par MAUREY (H.)*, 17 mars 2015, 206 pp.

Annexe
Les délais de communicabilité des archives publiques

Catégorie d'archive	Délais de communicabilité prévus par la loi de 1979	Délais de communicabilité prévus par la loi de 2008
Régime de communication de principe des documents administratifs	30 ans	Communication de plein droit
Délibération du gouvernement, relations extérieures, monnaie et crédit public, secret industriel et commercial, recherche des infractions fiscales et douanières	30 ans	25 ans
Secret de la défense nationale, intérêts fondamentaux de l'État en matière de politique extérieure, sûreté de l'État, sécurité publique	60 ans	50 ans
Protection de la vie privée	60 ans	50 ans
Document portant un jugement de valeur ou une appréciation sur une personne physique	60 ans	50 ans
Statistiques, cas général	30 ans	25 ans
Statistiques collectées par des questions portant sur des faits et comportements privés, dont recensement	100 ans sans dérogation possible	75 ans
Enquête de police judiciaire	100 ans	75 ans
Dossier des juridictions	100 ans	75 ans
État civil, naissance et mariage	100 ans	75 ans

État civil, décès	100 ans	Communication de plein droit
Minutes et répertoires des notaires	100 ans	75 ans
Dossier des juridictions et enquête de police en matière d'agression sexuelle	100 ans	100 ans
Secret médical	150 ans après la naissance	25 ans après le décès ou 120 ans après la naissance
Archives dont la divulgation pourrait permettre de concevoir, fabriquer, d'utiliser ou de localiser des armes de destruction massive – nucléaire, biologique, chimique ou bactériologique	Absence de régime	Non communicable
Sécurité des personnes	Absence de régime	100 ans
Documents qui se rapportent aux mineurs – vie privée, dossiers judiciaires, minutes et répertoires	Absence de régime	100 ans

Table des matières

Structures éditoriales du groupe L'Harmattan

L'Harmattan Italie
Via degli Artisti, 15
10124 Torino
harmattan.italia@gmail.com

L'Harmattan Hongrie
Kossuth l. u. 14-16.
1053 Budapest
harmattan@harmattan.hu

L'Harmattan Sénégal
10 VDN en face Mermoz
BP 45034 Dakar-Fann
senharmattan@gmail.com

L'Harmattan Cameroun
TSINGA/FECAFOOT
BP 11486 Yaoundé
inkoukam@gmail.com

L'Harmattan Burkina Faso
Achille Somé – tengnule@hotmail.fr

L'Harmattan Guinée
Almamya, rue KA 028 OKB Agency
BP 3470 Conakry
harmattanguinee@yahoo.fr

L'Harmattan RDC
185, avenue Nyangwe
Commune de Lingwala – Kinshasa
matangilamusadila@yahoo.fr

L'Harmattan Congo
219, avenue Nelson Mandela
BP 2874 Brazzaville
harmattan.congo@yahoo.fr

L'Harmattan Mali
ACI 2000 - Immeuble Mgr Jean Marie Cisse
Bureau 10
BP 145 Bamako-Mali
mali@harmattan.fr

L'Harmattan Togo
Djidjole – Lomé
Maison Amela
face EPP BATOME
ddamela@aol.com

L'Harmattan Côte d'Ivoire
Résidence Karl – Cité des Arts
Abidjan-Cocody
03 BP 1588 Abidjan
espace_harmattan.ci@hotmail.fr

Nos librairies en France

Librairie internationale
16, rue des Écoles
75005 Paris
librairie.internationale@harmattan.fr
01 40 46 79 11
www.librairieharmattan.com

Librairie des savoirs
21, rue des Écoles
75005 Paris
librairie.sh@harmattan.fr
01 46 34 13 71
www.librairieharmattansh.com

Librairie Le Lucernaire
53, rue Notre-Dame-des-Champs
75006 Paris
librairie@lucernaire.fr
01 42 22 67 13

www.ingramcontent.com/pod-product-compliance
Lightning Source LLC
LaVergne TN
LVHW010024081026
849535LV00016B/3332